中公文庫

料 理 の コ ツ

秋 山 徳 蔵

中央公論新社

贈序

〝コツ〟とはうまい標題をつかんだものである。書物の題名もむづかしいものだが、単的にコツといつたところ、これもコツだ、秋山流ともいへようか。

秋山徳蔵氏のすでに幾種か出版されているものもこれも、いまさら贅讃の要はない。ぼくらは常に美味いと感じるものを美味いといひ、不味いと思ふ物を不味いといふしか、何も知らないし、料理道には能もない。

だが〝コツ〟について言ふならばいくらでも感想は湧く。茶味、禅味、人と人とのふれ合ひまでも、なにかのコツが行はれている。農には農人のコツ、商人には商売のコツ、精密科学の数量子の扱ひにもやはり熟練工のコツはあるといふ。そして、これはすこぶる東洋的なことばである。東洋人、特に日本人の好んで言ふ感覚語だ。

その〝コツ〟とは、何か。

いはく、言ひ難し。

それですまして来たものを、秋山新ジヤガ氏は、まな板を叩いて、この書で説かうとなさる。

傾聴に値しよう。料理芸術も道とすれば、一道は万法に通じるさうな。ひとり厨房の女性たちばかりにでなく、ぼくらにも益するところ少くあるまい。

吉川英治

目次

鮮

調味料　226

挿図　稗田一穂

料理のコツ

はじめに

根本の心構えは「注意」

　私は料理の実用記事を書いたり、テレビに出たりするのがきらいでもあり、苦手でもある。それは、私があくまでも「作る」人間であり、「教える」器ではないからであろう。もっとも、若いときはそうでもなかった。大正十二年に出版した『仏蘭西料理全書』など、菊判千五百頁余りの大冊で、料理の種類は何千種だったか、とにかくソースだけでも三百何十種の作り方を説明したから、原稿を書くのに十年近くかかった。よくもまあ、あんなことがやれたものだと、まったく夢のようだ。

　年をとってくると、そんな根気はもちろんない。それどころか、雑誌記事のような短いものでさえ、「何をどれだけに何をどれだけ混ぜ合わせて、それをどうやって……」など、一々説明するのが面倒くさくて、バカバカしくて仕方がないのである。だから、そういう依頼は、一切お断りしてきた。近年、二、三の随筆集を出したけれど、それも、むかしの思い出話や、「料理の真髄は真心だ」といったような抽象的なことばかりで、実用的な事柄にはつとめて触れないようにした。

それでも、料理のコツといったようなものを書いてくれという注文は、あいかわらず、絶えない。元来、料理というものは「習う」ものであって、「おそわる」ものではない。まして、コツなどということになると、経験の積み重ねの上からでないと、絶対につかめるものではない。だから、そういった注文に対しては、意地悪いぐらいソッポを向いてきた。

ところが、近頃すこし考えが変ってきたのである。というのは専門家の修行についての旧来の信念いささかも変るところはないけれども、家庭の奥さんや娘さんたちの料理研究熱がこんなに盛んになってくると、その学習の時間と労力の経済のうえからも、われわれが何十年もかかってつかみえたコツみたいなものを、一応文字にして伝えるのも、あながちムダではないと考えられるようになってきたのである。

もうひとつは、有紀書房主人の熱心さに根負けしたという理由もある。なにしろ、創業以来三年ばかり、ほとんど毎月のように宮内庁大膳課の私の室に通ってこられた。しかも、その人格がしからしむるところか、ちっとも口説きかたがいやらしくない。サラリと世間話などをして帰ってゆくのである。それが三年もつづけば自然と情がうつらざるを得ないではないか。

そこで、いよいよ、ヒマラヤにでも登るような気持で、料理のコツについて書いてみる決意をしたわけだが、といっても、純然たる実用書を書く気持はない。また、前記の『仏蘭西料理全書』のように、整然と分類し、体系を立てて述べてゆくような面倒くさいことは、もうごめんだ。まったく、ゆきあたりバッタリに、思いつくままを書いてゆくから、とても首尾一貫したものになりそうもない。どこかで、トメドもなく脱線してしまいそうな気もする。いや、脱線しないようなものだったら、初めから書く気はしないのだ。

さて、料理のコツというのは、どんなものだろうか？

よく「三加減」などということがいわれる。「火加減」「味加減」「盛り加減」がそれだ。しかし、これなどはまだまだ末梢的で、もっともっと根本的なものがあるはずだ。その根本的なものから出発して、だんだん枝葉のほうへ考えてゆくことにしよう。

では、いちばん根本的なものは何かといえば、いつもいう「真心」だ。またか——と思う人もあるだろうが、これこそ千古不磨の根本精神だと信じているのだから、しかたがない。

だが、「真心」ではあまりに抽象的でつかみどころがないと感じられる方々のために一歩をゆずって、その中から「愛情」とか「奉仕」といったような要素を一応別にし、「注意」という要素だけに絞ってもよい。材料の選択から始まって、最後の盛りつけにいたるまで細心の「注意」を払い、瞬時も怠慢することなく、一挙手一投足もおろそかにすることのない心構え、これが料理のコツのいちばんの大本だと断じてよいと思う。

これは初心の人ばかりではない。どんなに上達し、熟練した人でも、この一大事を忘れたら、たちまち奈落の底に落ちてしまう。九十点以上のものを作れる実力をもった人でも、失敗したら十点にも零点にもなってしまうのが料理の恐ろしさなのだ。

最近私がやった失敗を告白しよう。これはすでに「あまカラ」にも書いたことがあるが、それを語らせていただくことにする。

五十年近く宮中にお仕えしているうちには、いろんなことがあった。仕事の上ではまず大過なく過ごしてきたといっていいだろうが、それも文字通り「大過なく」であって、「小過」のほうは数々ある。その失敗について書いてみよう。

＊

ごく最近の話である。あるご陪食に、トゥルヌドをお出しした。トゥルヌドは、ご存知のように、牛肉のヒレを円く厚く切り揃え、ベーコンで巻いて調理されるものである。余談だが、このTournedosという料理名の起源はいまだにはっきりしていないようだ。辞書を引いてみると、「(市場内の)粗悪品売場」「(牛肉の)背肉の切れ」という二通りの訳語しか出ていない。前者と後者との間にどんな関連があるのか、フィレ・ド・ブーフをどうしてトゥルヌドと呼ぶようになったのか、そのへんのところを、語学者の方からでも教えていただければありがたいと思っている。

さて、トゥルヌドという料理だが、直径約一寸二分、厚さ約一寸の円柱形に切り揃える関係から、自然ヒレ肉が用いられ、そのヒレ肉も、正式の饗宴の場合は、同形のものを揃えるために、中央の部分の八寸か一尺ぐらいの所だけしか使わない。

調理法を簡単に述べると、ヒレの一本をとり、前記のような円柱形になるように周囲の肉をえぐり取って形を整え、約一寸ずつの厚さに切り分けたら、そのまわりにベーコンを巻き、それを細い麻糸か木綿糸でしっかり巻きつけたうえで、ソーテするのである。この糸が事件の中心になるのだが、話の成り行き上、もうすこし調理の順序をきいていただこう。

ソートア鍋かフライパンに溶かしたバタの上澄みとオリーヴ油を半々に加えて最高熱に沸きたてた中に、塩胡椒したさきほどの肉を入れ、両面に美しい褐色のリソラージュ（一種の壁）をつくったら、そのいため油といっしょにソートア鍋に移して、こんどはトロ火で四、五分間、肉の内部に火がとおるように焼き上げるのである。

それから巻きつけてあった糸をほどいて、いろいろな方法でお出しするわけだが、焼き上げられたときは糸もすっかり肉と同じ色になっているので、うっかりすると糸を解くのを忘れてしまうことが起こり得る。そのために、最初糸をかけるときに本数を数えておき、切って解いてからまた本数を数えて確かめることになっているのである。

ところが、そんな失敗は何年に一度、いや何十年に一度起こるかどうかという種類のものだけに、糸の本数の確認という作業も一種の形式化してくる。形式化すると、いつしか注意の圏外にハミ出してゆく。急ぎのときなど、つい省略してしまう。事故というものは、意地悪くもそういった真空状態の中からポカッと生まれてくるものなのだ。

＊

そのご陪食のときも、そうだった。たった一つだけ、糸を巻きつけたまま出したトゥルヌドがあったのだ。それがまた、こともあろうに陛下のお席に運ばれてしまったのである。そのことが判ったとき、われわれ一同は色を失い、うなだれてしまった。早速責任者から侍従を通じてお詫びを申しあげた。この侍従がご前から退ってくると、次のようなことを伝えてくれたのである。

侍従が陛下にお詫びを言上して、

「けれども、お客様の分は全部取ってございます」

と申し添えると、陛下は、

「それはよかった。それはよかった」

と、たいへんご満足げにおっしゃり、われわれの失態については全然意に介していらっしゃらないご様子であり、またお言葉であったというのである。

私たちは、下を向いたきりで、ただ、

「ありがとうございます」

と、申しあげるほかはなかった。涙が溢れ出て、どうすることもできなかった。

＊

おとがめはなかったにしても、陛下のお傍に仕える人間として不行届きであったという自責の念は消えはしない。と同時に、料理人としての真心の至らなかったことを恥じる気持は、錐のように胸を刺すのである。――お前も老境に入って気がゆるんだのか。仕事のためには命をかけるという気魄はどうしたのか。そんなことで、どうする――私は、たちまち心身が二十代の頃のように引き緊まり、新しい勇気が猛然と湧いてくるのを覚えるのだった。この過ちは、なんとも申しわけないことではあったけれど、私にとっては非常に強い注射だったのである。

そういえば、いままでにも一年に一回ぐらいは、ここまで至らなくても、思わずハッとするようなことがあったようだ。そのたびに、弛みがちの気分に活が入れられたように思い出される。長い間大過なく過ごせたのは、あるいはこうした小過のおかげだったといえないこともないだろう。

「あまカラ」に書くときは、この失敗を「小過」と判断したが、いま考え直してみると、これはやっぱり「大過」ではなかったかと思う。なんとなれば、その料理はまさに零点だったからだ。

料理に百点というものはありえない。どんなにうまくいっても、九十五点か、九十七、八点だろう。そのうちの、九十点から上の七点か八点は、なんといっても長年本格的に年季を入れた腕がつくり出すものだが、九十点までは「注意」でできるのだ。そして、「注意」が足りなければ、前述のように、何十年も料理をやってきた人間が十点や零点にも堕ちてしまうのだ。さればこそ、料理のコツの最大のものは「注意」であると断ずるわけである。

料理のコツ五則

では、もう一段下の段階に下りてみよう。

まず第一に大切なのは、〈材料の選択〉である。いい材料を使うことである。袁随園も『食単』の第一章に「大抵一席佳殺、司厨之功、居其六、買辨之功、居其四。（大抵一席の料理の出来栄えは、料理の功績が六分で、買い出し人の功績が四分である）」と述べているが、材料の多くが乾物で、鮮魚、鮮菜の数少ない中国ですらそうであるとすれば、日本のように新しい山のもの海のものに恵まれている国では、買い出し人の手柄は五分にも六分にも評価されよう。すなわち、いい材料を選択すれば、その料理はすでに半ば成功したものといってもいいのである。

それで、この本では、何よりも先ずこのことに力を入れようと思う。書いてみないとわからないが、あるいは全頁の半分以上が材料の選び方に使われるかもしれない。そうなってもいいと考えている。

どうも、日本の料理学校や、料理書の指導では、どうやって調理するかということが主になって、材料の選び方の指導がおろそかにされているようだ。これは、まったく本末顚倒なのだ。しかし、いわゆる食通がよくいうような「なになにはどこの産に限る」といった、一般の人には通用しない言説はなるべく避けることにする。ときどきペンが滑るかもしれないが……。

この材料の選択ということにも、細心の「注意」が払われなければならないことはいうまでもない。以下、各項にわたり、どんな細かい事柄にも、この「注意」という根本精神は常に浸みこんでいなければならないのだから、その場その場で一々述べることをしないが、どうかこれだけは忘れないように頭にしまっておいていただきたい。

第二には、〈自然に従う〉ということである。材料そのものがうまいものであれば、できるだけ手を加えないで食べるのが最高の道である。また一方には、手を加えたほうがうまくなるものもある。そんなものに対しては、その材料を最もよく生かす手の加えかたをすればいいのである。それがすなわち自然に従うゆえんであって、自然という意味を窮屈に考えてはいけない。焼いてうまい魚と、煮てうまい魚とある。たとえば、カレイは煮ても焼いてもうまいが、ヒラメは焼いては不思議とまずい。さしみか、煮魚か、フライがいい。

すなわち、料理の個性をよく知り、その個性を百パーセント生かすような調理をすること。また、材料の相性のよしあしをよく知っていて、相性のいい材料をとり合わせること、これが第二の秘訣というべきであろう。

第三には、〈間《ま》を大切にすること〉である。「間」というのは、あるときは時間であり、あるときはリズムであり、あるときは呼吸である。材料の下ごしらえをしてから煮たり焼いたりにとりかかるまでの時間も間であり、煮たり焼いたりする時間も間であり、出来あがった料理を食卓に出すまでの時間も間である。それらがリズミカルに流れてゆかぬことには、いい料理はできない。まして、多くの人が共同で作業しているときは、みんなの呼吸がピッタリ合って、リズムに狂いができないようにならなければならない。

それには、何よりも、手順をよくすることである。料理に追っかけられてはいけない。いつも料理を追っかける態勢にいなければならない。ダシの鍋が煮たってから、あわてて野菜を刻むようでは、いいおすましが出来るはずはない。心にも、手にも、常に余裕を持っていなければならない。料理にかかる前に、段取りをよく考え、それを頭に入れ、材料や道具をおくべきところへチャンとおき、やたらにたくさんの鍋やボウルなどを使わぬよう、またちょうどいい時間にオーヴンなりコンロなりの熱度を頃合いにもってくるよう、万事計画的にやることである。そうしてこそ、いつも料理を追っかける態勢にいることができるのである。

第四に、〈道具をととのえること〉である。「弘法筆を選ばず」などという諺は、料理には通用しない。われわれが、いわゆる日曜大工をやってよく経験することだが、本職の大工に及ばぬことは万々承知していても、あまりにも思うようにいかないのにイライラしてきたり、作業半ばに到らずして疲れきってしまい、投げ出してしまいたくなったりするものだが、あれは一つには道具が揃っていないことと、道具のモノがよくないことによるのである。こころみに、本職が使うようなノコギリ、カンナ、ノミの類を使い、カネザシ、スミツボ、ドリルなんていう専門家的なものを取り揃えてごらんなさい。たちまち仕事が楽しくなり、手際も別人のようにスッキリしたものになり、疲れもうんとちがうのに驚くに相違ない。

料理もやっぱりおんなじである。野菜庖丁でさしみは引けず、出刃庖丁できうりは刻めない。ペラペラのアルミ鍋でてんぷらを揚げても、すきやきをしても、うまくゆくはずはない。日本庖丁だけは、玄人が使う寒打ちの本焼きなどと凝るまでのことはないが、あとは玄人が使うもの、あるいはそれに近いものを、一番必要なものからボツボツ揃えてゆくといい。流行を追って高い洋服や着物を買うのをすこし辛抱すれば、どれだけの料理道具が揃うか、計算してみるとすぐわかる。そして、そのために料理をすることが楽しくなり、手際もよくなれば、家庭がどれくらい明るく、楽しくなるか、実に測り知れないものがあるはずだ。

この「ととのえる」という言葉には、揃えるという意味のほかに、キチンと手入れをして、いつでも使えるようにしておくという意味も含まれている。前者が「調」であれば、後者は「整」である。

道具を使ったあとの手入れがどんなに大切なことであるかは、一般の人の想像以上のものがある。旧著『味』にも書いたように、鍋の洗い方ひとつが次の料理の味に影響するのだ。昨日洗った鍋と、今日洗った鍋とでは、そのまま使えば、もう料理の匂いがちがうのである。水が溜ったりしていては言語同断だ。フライパンに焦げつきが残っていたり、焼き串にミソや肉のひからびたのがコビリついていたり——これも言語道断だ。

庖丁も、毎晩しまうとき砥石にかけ、乾いた布巾で水気をよく拭きとっておくことだ。できれば乾いた布巾に包んでおくとよい。砥ぎたての庖丁を使うと、モノに鉄の匂いがつくので、むかしは、さしみ庖丁は、夜砥いで、一晩井戸の中に吊しておいたものでないと使わせない家もあった。

鉄のさびは、ヘチマでちょっとこすれば落ちるが、鋼は分子が細かいから、そのさびは砥石にかけないと落ちない。それをほうっておくと、絶対にとれなくなってしまう。その日の垢はかならずその日に落しておくことだ。

一般家庭では、毎晩砥ぐということは、いうべくして行ない難いことかもしれない。それならば、せめてミガキ砂で洗って、垢と匂いを除いておくぐらいはしてもらいたい。

とにかく、あと片付けをしっかりすること。これもおろそかにできぬ料理のコツのひとつであることを、忘れないことである。

第五に、ようやく前記の〈三加減〉が登場する。

すなわち、材料に応じた〈火加減〉〈味加減〉〈盛り加減〉である。その加減のコツはどこにあるか。これこそ一口にいってしまうことは不可能である。やってみて覚えるほかはない。料理が上手になろうと思えば、百冊の本を読むより、いっぺんでも多く庖丁をとり、フライパンをにぎることなのだ。同じ魚なら魚の煮かたにしても、鮮度によって微妙な相違があるわけだから、そこまでは料理学校でも、料理書でも教えるわけにはゆかぬ。自分で経験して、自分で悟るよりほかはない。

けれども、最大公約数というものがないでもない。だから、この本でも、そういったものにもできるかぎり触れることにする。

それでは、いろいろの材料の選びかたを中心にしてその材料に関する調理のコツを述べてゆくことにしよう。

材料の選びかたと調理のコツ

容貌《きりょう》のよいもの

材料を選ぶ根本の心構えを一口にいえば、野菜であれ、魚であれ、その他の何であれ、きりょうのよいものを選べということに尽きると思う。

人間も、きりょうがいいのに越したことはないが、しかし、そのねうちは、きりょうばかりでは判らない。高橋お伝や妲妃《だっき》のお百のような食わせものもいる。だが、動物や植物は正直だ。競馬の馬でも、シェパード犬でも、チャンピオンになるようなのは、必ずきりょうがよい。きりょうと性能が一致しているからだ。

茄子にしても、きうりにしても、鯛にしても、鮎にしても、肌がきれいで色つやがよく、スンナリと形がよくて、弾力をもったものは、新しくてうまいのである。曲りくねったきうりや、うろこがハゲチョロケの鯛がうまいはずがない。なまこのようなグロテスクなものにも、牛肉のように切り刻まれたものにも、特有のきりょうというものがある。だから、そのもの特有のきりょうを覚えればいいわけだ。

野　菜

食べものはおしなべて新しいものがよいとはいうものの、肉類はそうとばかりはかぎらない。牛肉などは、解体してから一週間か十日ぐらいたったときが食べごろだ。(ただしスープをとる肉は例外で、新しいほうがよい)。魚も、鮎とか、キスとか、サヨリのような小魚は新しいほどよいけれど、マグロとかカジキのような大魚になると、やや時間がたったほうがうまい。東京のにぎりずしの王者が三陸沖でとれたマグロであるのも、獲《と》れてからすし屋の店頭に現われるまでの「間《ま》」がちょうどいいからだ。いわゆる自家分解によってうまみが出来てくるからである。

ところが、野菜類となると、これは新しければ新しいほどよい。理想をいえば、畑からとってきたてのものということになる。そんな野菜なら、なるべく手をかけないで食べると、うまさも最上だし、なにより健康的な食べものだ。その点、農村の人は、都会人が逆立ちしても及びもつかない美食を味わうことができるわけだが、不思議と田舎の人は野菜をクタクタに煮殺して食べる。美味求真の上からも、栄養上からも、惜しみてあまりあることだ。

というわけで、野菜類の良否の選択は、まず新鮮かどうかを見ることが第一である。さつまいものような根菜類には、熟度ということも大切だが、たいていの野菜は果物ほど熟度というものが微妙ではない。そして、果物は、すこし熟し過ぎたかというくらいのところが一番うまいのだが、野菜は若過ぎるのはよいが、過熟は絶対によくない。

では、各論に入ることにしよう。

さといも

卵形で、太っていて、粒の揃っているものを選ぶといい。皮が荒れていたり、傷があったり、ギザギザのあるものは避けること。肉の色はもちろん真っ白なのがよく、紫がかったものはうまくない。

さといものヌメリは、なかなか魅力のあるもので、むげに取ってしまうのはおしい。じゅんさいのヌメリは尊重し、さといものヌメリを忌《い》むというのはどうしたわけだろうか。味噌汁などには特にいいものなのに——。

だが、お客料理の場合など、そうもいっていられない。煮る前に塩でもむとヌメリが出ない。焼きみょうばんを加えるといっそう効果があるが、そこまでやることもないだろう。玄人は、塩でもんでから、水に酢をすこし入れて煮て、煮立ったら火をとめ、十五分ぐらい蒸し、水洗いしてから調理する。なお、皮をむくとき、手がかゆくなるのがきらいな人は、重曹をすこしいもに塗りつけてからやるとよい。

れんこん

スンナリした中肉のものがよい。色が白く、つやのあるものを選び、赤くなったのはまずい。三、四月頃から夏までは硬く、六、七月頃から軟かいのが出始める。
れんこんを煮るには、鉄の鍋を用いてはいけない。見た目をきれいに茹でるコツは、皮つきのまま茹でること。そのとき一たらしの酢を加えるとよい。そして、茹だってから皮をむくと、白く、美しくあがる。
歯切れよく煮る秘訣は、はじめにダシに淡口の醤油、少量の砂糖、味の素などで味をつけた煮汁をつくって、煮立ってから、切ったれんこんを入れるのである。そして、鍋のフタをとったまま、ハシで上下に返しながら煮る。するとサクサクした歯切れに煮あがる。フタをして煮ると、いものような歯切れになる。

じゃがいも

皮が薄くて、芽つきのくぼみが浅く、肌が滑らかで、身がよく締まっていて堅いものを選ぶこと。あまり大きいものや小さいものは避けたほうがよく、だいたい直径が六センチから七センチぐらいのものがうまい。ことに、大き過ぎるのは、中に空洞があることがある。寒地で出来たものがうまい。

じゃがいもの調理のコツは、あとでつぶして裏ごしにかけたりする場合は、皮のまま茹でて、それから皮をむくこと。そのほうが味が出る。形を生かす料理のときは、生のまま皮をうすくむいて適宜に切ったら、塩を一つまみぐらい入れた水に十分ぐらいつけてから調理するとよい。身がしまるからである。

なお、古いじゃがいもは、ベークド・ポテト、フライド・ポテト、マッシュド・ポテトなどに向き、新じゃがはボイルド・ポテト（茹ですぎぬよう注意）に向くことも覚えておいてよい。

よくフライド・ポテト（スーフレ）がレストランで出るようにうまく揚がらないといって、コツをきかれるが、あれは二回に分けてやるといいのである。一センチ角に切ったじゃがいもを、最初にトロ火で揚げて軟かくしておいて、いったん取り出し、こんどは強火で焦げ目をつける。

さつまいも

戦中戦後の買い出しの経験で、たいていの人が心得ておられることと思う。金時か農林一号がいいとか、沖縄はごめんだとか、家庭の奥さんが品種まで覚えてしまった。あの真剣さと熱心さで毎日の買物をすれば、どんな食べものの選び方でも、いつしか身についてくるはずなのだ。家族の命のもとになる大切な食べもののことだから、もっともっと真剣になっていただきたい。

さて、さつまいもは、色が赤く、肌が滑かで、ひげ根が細く、締まった感じのものを選ぶと、まずまちがいはない。料理に使うのには、肉の黄色のものがいい。見た目をきれいに料理するには、アクの強い皮の部分をすこし厚くむきとって、水にさらしてから使うといい。

だいこん

「練馬《ねりま》」、「宮重《みやしげ》」、「聖護院《しょうごいん》」、「桜島」、「亀戸《かめいど》」その他品種がいろいろあって、大きさや形の上から良否をきめることは容易ではない。それで、全体に通ずる基準をいえば、色があくまでも白く、光沢があり、ヒゲ根のついたくぼみの少ないもので、ズッシリした重みのあるものがいいのである。また、その品種の標準の中形を選ぶのがコツで、大きいのにはスがあることが多く、小さいものは性が素直でない。

おろした大根や煮物などには絶対に新しいものでなければならないが、干し大根にしたり、漬物にしたりするときは、もし古くなって値下がりしたものがあったら、それを買うほうが得である。

だいこんの調理のコツといえば、まず絶対に錆びた庖丁を使わぬこと。ほかのもの以上に味をそこなう程度が大きい。

なるべく生まで食べるのがいいが、その場合酢は使わないほうが栄養上はいいのである。せっかくのジアスターゼの効力を低下させるからだ。大さじ二杯ぐらいの米粉を布袋に入れて、ヒタヒタぐらいの水で茹でると、早く柔らかになり、苦味もとれる。それから味をつけるのである。その場合、砂糖はできるだけ使わないほうがいい。大根そのものが自然の甘みをもっているのに、砂糖の強い甘さを加えるのは、せっかくの持ち味を台無しにすることになる。これはだいこんにかぎらず、たいていの野菜に通ずることである。

なお、葉つきに近い硬い部分と、根のほうの辛い部分は長時間煮る濃い味の料理や漬物などに使い、中ほどから葉つきに近い部分は甘みがあるから、おろしその他の生食や、ふろふきその他淡味の煮物に使うのが利口なやりかたである。

かぶ

かぶの選びかたはだいたいだいこんに準ずればよい。ただ市場に出るかぶはだいこんほど品種が多くないから、その見分け方を知っていて、使用目的に応じた選択をすればいいと思う。

「聖護院」は、形が大きく、やや平たい球形である。薄く切って漬けものに最適。京都名物の千枚漬はこれである。「近江」は、非常に大形で、平べったい。肉質が軟かくて甘みが強いので、煮物にもよし、漬物にもよい。干しかぶにもできる。「天王寺」は、ほとんど完全な球形に近く、色が白い。生まで食べるのに最適。ぬか漬にしてもよく、干しかぶにもいちばん適している。「米子《よなご》」は、中形で美しい紅色をしている。肉にも紅色のぶちがはいっている。生まで食べるか、塩漬によい。

総じて、色の白いものは、黄色のものより軟かで風味もよく、調理の時間も少なくてすむものである。

かぶは元来非常に軟かなものだから、煮て食べるより、生まか漬物のほうがよい。酢によく合う食べもので、シンナリさせるのには、酢にしばらく漬けておけばいいのはご存じのとおりである。

にんじん

これも、「滝野川」とか、「金時」とか、「三寸」とか、いろいろの品種があるので、一様にはいえないが、葉が生き生きしており、身も赤い色が鮮やかで濃厚なものがよく、切ってみてシンの小さいものが、軟かくてうまい。

アクの強いものは、塩水につけてアクを抜くこともやるが、たいていその必要はない。だいたい、このアクというのは、非常にあいまいな名前であって、「水溶性の不味成分」

という定義もあるが、はたして「不味」といい切っていいかどうか。ズイキのえご味の蓚酸《しゅうさん》石灰や、干しニシンの渋味の酸化脂肪などはどうしても取り除いてしまわねばならない「不味」だが、小豆をひやすのにたびたび水を換えてすっかりアクを抜いてしまったり、茹でたほうれんそうを水にさらしてアクを抜いたりするのは、かえって「味」を取り除くようなものではなかろうか。

陸上の植物性食品のアクはカリウム、海藻と動物性食品のアクはナトリウムが主なものだといわれている。しかし、ほうれんそうの場合は鉄分も一役買っているし、にんじんにも鉄分がたくさん含まれている。こういう無機成分は、栄養上からも必要なものであり、またこれらが、それぞれの食品独特の持ち味をつくる要素のひとつにもなっているわけだ。人間でも、「あいつアクの強いやつだ」といわれるくらいの男でないと、いっぱしの仕事はやれない。サラリとした、水みたいな人間ばかりいた日には、事業も、国も、たちまち滅んでしまう。また、つきあうにしても、こんな人間とは長くはつきあえるけれど、コクがなくて、いっこうおもしろくない。

食品の場合もおんなじことで、アクをのこらず抜いてしまったら、味も素っ気《そけ》もなくなってしまう。日本人は、どうも淡白好みが過ぎて、日本料理ではやたらとアクを抜き過ぎるが、あれはできるだけやめたほうがいい。強過ぎるアクだけを適宜な程度まで抜くのにとどめるべきだと思う。

にんじんの場合など、まずアクを抜く必要はあるまい。そして、独特の芳香が皮と肉との間にあることをよく認識して、なるべく皮をむかず、また水にさらしたり、煮過ぎたりしてあの芳香を殺してしまわないことが大切である。西洋料理の場合は、皮をむかず、塩でよく揉んで水洗いして使うが、これが合理的である。

ごぼう

皮が薄くて、飴色をしているのが上質である。太さは、中細のを選ぶのが賢明だ。あまり太いのは味も落ちるし、スがはいっていることもある。

ごぼうは、それに含まれているオキシターゼという酵素の作用で、皮をむいておくと黒く変色するから、段取りをよくして、すぐ調理することがかんじんである。さといもやなすでも同様で、それを防ぐ方法は、皮をむいたり、切ったりしたらすぐ水に入れるか、塩で揉んで細胞膜を柔かにするか、あるいは、皮のまま煮るとか、焼くとか、炒めるとかして、この酵素の作用をとめてしまうか、いろいろなやりかたがある。

ごぼうはにんじんよりアクが強いが、あまり水にさらしたりすると大切な味や栄養分を逃がしてしまう結果になるから、一たらしの酢を加えて茹でるとよい。アクが出ないで、白くきれいにあがる。また、煮るとき、ワラのシンをすこし入れると、早く軟かに煮えるものである。

うど

一目見て、はだが白く、つやつやしているのが新しい。太っていて、それも根元から尖端まで同じぐらいの太さのがいい。尖端が緑色や茶色になっているものはよくない。また、堅く締まっているのを選ぶことだ。軟かなのは値打ちがない。長さは中庸がよく、八十センチぐらいのを選べばまずまちがいはない。

うどの皮は厚くむくのがよい。薄くむくと、切り口にアクが出てきて、汚くなる。これは歯切れや香りを楽しむ一種のアクセサリーだから、その二つを眼目にして、栄養なんてことにはこだわらぬことだ。はじめ、五センチぐらいの輪切りにして、黄色い皮がなくなるまでむき、すぐ水にはなす。空気中におくと、色が変る。しかし、あまり長くつけておくと、歯切れもわるくなるし、香りもなくなるから、そこの加減に気をつけること。

たけのこ

産地と鮮度によって、これほど格差の大きいものもあまりない。なんといっても京都近在のものが天下第一だ。主として、西山から、八幡、山崎あたりの一帯だが、あのへんは地質もいいのだろうが、肥料をたくさんやって可愛がって育てることが第一の原因だろう。とにかく、京都で食べるたけのこは、軟かで、しかもサクサクと歯切れがよい。それに、なんともいえぬ香味がある。

ところが、それを東京まで送ってもらうと、もうずいぶん味が落ちる。たけのこは掘ってからも伸びるといわれているが、伸びるためには、自らの持っている養分を自ら消費してしまうことになるのだろう。とにかく、水分はドンドンなくなってゆく。つまり硬くなってゆくのである。月山筍《がっさんだけ》のような細いたけのこの素晴らしくうまいのが、地方にはあちこちにあるのだが、これがほとんど東京の八百屋に出ていないのは、細いやつほど掘り取ってから水分をなくする率が大きいからなのだ。だから、たけのこばっかりは、産地にいって食べるにしくはない。そして、理想をいえば、夜明けまでに掘って、その日のうちに食べることだ。

だからといって、都会住まいの者はたけのこを食うことをあきらめろというわけにはゆかぬ。まあ、買うときに、切り口のところを調べて、なるべくみずみずしいものを選ぶより仕方はないだろう。なお、曲ったものや、根がバカに太くて食べる部分の短かいものは避けたほうがいい。

茹でかたのコツは、皮つきのままで茹でることだ。穂先を斜めに切り落とし、皮に縦に浅く庖丁を入れておく（あとでむきやすい）。そして、米糠をすこし入れて茹でる。茹だったらすぐに上げないで、湯が冷めるまでそのままにしておくことである。こうすれば、アクも抜けるし、味を逃がさずに軟かくすることができる。

ふき

なるべくグッタリしていない、中ぐらいの太さのものを選ぶことで、バカに太いのは味が落ちる。

これも皮ごと茹でること。はじめに好みの長さに切っておいて、やや硬めに茹で、すぐ水にさらす。そうすれば、色よくあがる。そして、すっかり冷めたら皮をむいて調理する。アクが強いと思われるときは、茹でるときアク汁をちょっと入れるとよい。

煮かたのコツは、ひと煮たちしたら一度すくいあげておき、煮汁を二〜三割がた煮つめてから、またふきを入れてトロ火で煮ることである。ただし、キャラぶきのときはいっぺんに煮つめてよい。

キャベツ

よく締まっていて、ズッシリした目方のあるものを選ぶ。上から指で押してみて、手ごたえのあるのはよく巻いている品で、フワフワした感じのものはよくない。

調理のコツといったものは別にないが、家庭によっては、買ってくるなり二つ割りや四つ割りにして使ううちがあるが、あれは下手なやりかたで、使い残りが早くしなびてしまう。やはり外の葉からはがして使い、あとはポリエチレンか新聞紙などで包んでおくとよいのである。

レッド・キャベージ（濃い紫色のもの）を茹でるときは、水に酢をすこし入れると、色の保ちがいい。なお、このキャベツは普通のキャベツよりうんと長く茹でないと軟かにならない。

白菜

品種によって、色の白いもの、緑色のやや濃いもの、巻きのしっかりしているもの、巻きのゆるやかなのがあるが、なんといっても白菜の白菜らしいのは、色が白くて、よく巻いたものである。クセがなくて、どんな料理にも向く。

これも、別に調理の秘訣などというものはないが、香気もないかわりアクもない、ごく淡白な野菜だから、茹で汁をそのまま利用するのがよい。

また、部分によって使いかたを変えるのも賢明なやりかたである。すなわち、外側のすこし傷のあるような部分は長く煮るような料理に、次の大きい葉は巻きものに、まん中に近い軟かい部分は生食に――といった具合である。

ただし、小人数の家庭では、これも外側から順々にはがして使うほうが保存がきくから、そういった使い分けは無理だろう。

ほうれんそう

茎があまり太くなく、根が赤くて、葉の緑色が黒いばかりに濃く、つやのあるのがよい。あまり長くない、むしろたけのつまったものを選ぶことである。

茹でたり、炒めたりする場合、葉のほうと根のほうでは、食べごろの軟かさになる時間がうんと違うので、根のほうから先に始めることである。いっしょに入れると、葉のほうは煮とろけてしまう。

なお、できるだけ水にさらさないことである。せっかくの栄養分が逃げてしまうからだ。塩をすこし入れた煮え湯に入れ、鍋のフタをしないで茹でると、青みが冴えたままで茹だる。これはほかの青い野菜にも通ずることである。

ねぎ

白根のところがつやつやして、身がしまったもの、そして、白根と青葉の境い目の部分を手でつまんでみて、硬いものほどよい。また、白根と青葉の部分の境い目のハッキリしているものがうまい。軟白のための土寄せがていねいにされたかどうかが、これらの諸点に現われているからである。青葉があまりひろがって出ているものや、表皮が乾いているものは避けたほうがよい。硬くて、味も落ちる。

調理のコツは、切ってからなるべく早く調理すること、なるべく生まに近い状態で食べることの二点に尽きる。切ってから長くおくと、水分といっしょに揮発性の硫化アリール油がどんどん逃げていって、ねぎの値うちがなくなるからだ。

また、生まに近い状態で、しかもよく火を通したいなら、中華料理の炒めかたを利用するとよい。すなわち強火（二百度ぐらい）でサッと一気に炒めるのである。ついでだから、中華料理の炒めかたのコツを説明すると、先ず空鍋を焼くのである。水をちょっと落せばジュッといっぺんに乾いてしまうほど熱してから油を入れる。そして、鍋肌に油をたっぷりゆきわたらせたら、余分の油はもとへもどす。そして、油から薄煙が立つほど熱したところで、材料を入れて、鍋そのものを揺り動かしながら、手早く炒め、八分通り火が通ったと思うところでおろしてしまう。この方法でやると、ねぎのようなクタクタになりやすい野菜でも、生き生きとあがるのである。ただし、火の通りにくい材料はあらかじめ茹でたりして軟かくしておく必要がある。

玉ねぎ

表皮が薄くて、光沢があり、芽は枯れていて、根の部分の小さいものがいい。茎のつけ根を押してみて弾力があればいいが、フワッとした軟かい感じだと、中がいたんでいる証拠である。

これも、切ってからなるべく早く調理してしまうこと。

トマト

色が濃くてつやがあり、固いものがよい。ヘタが青く生き生きしたのが新鮮だが、その青さがいくぶんとれた程度がちょうどいい熟度である。ヘタのところに割れ目があったり、透きとおるような感じのものは、いたんでいるものである。

熱湯にサッと二、三秒間つけてから水にとり、皮をむけば、よくむける。

きうり

全体の太さが同じぐらいで、素直なスンナリした型のものがうまい。また、さわってみてプツプツしたトゲのようなものの触感が鋭いもの、色もうす線で白い粉のついたものが新しいのである。あまり青みが濃くて、なり口の太いものは、たいてい苦い。また、太からず細からずという程度のものを選ぶことだ。

苦味のありそうなきうりは、なり口から三センチぐらいのところを切って、両方の切り口をよくすり合わせるとよい。泡が出て、苦味がとれてゆくものである。

なす

茎が太くて、濃い紫色でつやがあり、全体に弾力があるのを選ぶ。ヘタの裏が真っ白なのは新しい証拠である。なお、漬物用には小ぶりのものを、焼き物用には大きくて丸いものを選ぶとよい。

むかし、「秋茄子は嫁に食わすな」という言葉があった。また「秋サバは嫁に食わすな」というのもあった。後者は、どうやら嫁虐待の精神から出たもののようだが、前者は必ずしもそうとは断定できない。たしかにうまいにはうまいのだが、ソラニンという毒物が多分に含まれていて流産の原因になることがこの言葉を生んだとも考えられるのである。このソラニンは水に溶解しやすいから、切ってから水にはなしておけば心配ない。

ぬかみそのなすを色よくあげるには、ひとつひとつみょうばんと塩で揉み、塩をふりかけて、空気にふれないように深く漬け込むとよい。ぬかみそに古くぎなどを入れておくのもよい。

煮るときは、まるのまま煮ることである。ただし皮に切れ目を入れておくこと。そして鍋には必ずフタをして、温度が変らぬようにするのも一つのコツである。カリ分が強いから、ナトリウムの強い干魚やスルメなどと相性がよく、そういったもののダシで煮ると、クセのないいい味になる。干ダラ、干しニシン、スルメのようなものと、カリ分の強い野菜と取り合わせるのは一つのセオリーである。
調味料でなすにいちばん合うものは味噌と油だが、油で揚げるときのコツとしては、なすが浮き上がって火の通りが不均等にならないように金串にでもさして沈めるか、またはハシで小まめに上下に返すようにするとよい。

かぼちゃ
背が低く、寸づまりのもので、皮の色が濃くてつやがあり、固いものがいい。また切り口のシブいものなら、きっとうまい。

えだまめ
一つの枝にさやがなるべくたくさんついているもの、そしてさやに粒がたくさんあって、よく膨れているものがよい。黄色なもの、実膨れの薄いものは避ける。

グリーン・ピース
明るい冴えた緑色のさやにはいっているものがいい。そして、なるべく使う直前にさやから出すことである。
罐詰のを使うときは、中に硬いものがはいっていることがあるから、よく気をつけることだ。これは、罐詰会社に物申したいのだが、外国の罐詰会社にいってみると、その日に一万罐なら一万罐製造するとすれば、原材料の豆もちょうどそれだけの分量しか採取しないのである。そして、採ったその日に全部処理してしまう。だから硬いのがまじっていることがない。ところが、日本の工場では、そういった一貫性が欠けているようだ。その日に採った豆を翌日にまわしたりするのだ。

シャンピニオン（マッシュルーム＝西洋松茸）にも、似たようなことがよくある。白のシャンピニオンの罐詰に黒くなったやつがまじっている。あれはアクが強いから、翌日までおくと黒くなってしまうのである。

つまりは鮮度のちがいなのだ。罐詰にしてすら、鮮度のちがいはこんなに歴然と現われてくるのだ。どうか、業者はこういった点をもっと良心的にやってもらいたい。

まつたけ

これも、たけのこと共に京都近在のものが天下第一である。東京には信州ものが多く入ってくるが、残念ながら香気が少なく、味も落ちる。遠州引佐郡あたりからくるまつたけは、京都ものに次ぐ優良品だろう。

まつたけは、笠が開けば香りは高くなるけれども、軸が硬くなるし、まだ開かぬものは軸が脆くて割《さ》きまつたけにできないし、歯ごたえがなさ過ぎる。なんといっても、半開きのときが、味も、香りも、歯ごたえも上々というべきだろう。

最上のものを使いたいなら、色の浅い、軸が寸づまりの恰好にムッチリ太っているもの、そして、笠が半開きのものを選ぶといい。もちろん、香りが第一だから、手にとって嗅いでみることも大切だ。なお、京都ものは虫がつきやすいので、気をつけることだ。笠と軸の境い目のところを指で押えてみて、弾力の感じられないものは、虫がくっている証拠である。

まつたけの食べかたは、いまさらいう必要もあるまい。とにかく、いろいろ手をかけるのは邪道で、焼いてゆず醤油で食うのが最上である。いずれにしても、あの香りと、歯あたりのよさを尊ぶことである。

西洋野菜

近頃は、日本料理にも西洋野菜をよく使うようになった——というのも少々おかしいいいかたで、キャベツ、玉ねぎ、トマト、じゃがいもなどはもともと西洋野菜だし、なす（エッグ・プラント）にしても、かぼちゃ（パンプキン）にしても、ほうれんそう（スピナッチ）にしても、東西いずれにもある野菜だから、日本野菜と西洋野菜との間にハッキリした線を引くことはできないのである。

しかし、ここでは、いままでほとんど西洋料理にしか使わなかった野菜を西洋野菜と名づけて、特に別項にして説明することにした。なぜならば、家庭でなんとはなしに敬遠しているこれらの野菜をうまく使いこなすと、シンから西洋料理らしい料理ができるし、また日本料理にもこういったものをどんどん取り入れて、新しい生面《せいめん》をひらいてもらいたいと思うからである。

敗戦後、日本の西洋野菜は長足の進歩をした。それは、駐留軍によって需要がグンと増えたこと、品質や衛生面にたいへんやかましくいってくれたのが原因である。それと、航空便が便利になり、進歩した外国の種子を思うように取り寄せられるようになったからである。主にイギリスのカーターとサットン両種子物会社からくるのだが、戦前は注文してから半年もたって送ってくるという始末だったので、いきおいこっちで種子をとってそれで栽培する。すると、気候風土の関係でいつしか本来の特徴が失われてくる。雑種もできてくる。雑種も一代目はいいが、二代目からはダメになってしまうという有様だった。

それに、需要もたいしたものではなかったので、横浜近在の杉田、根岸、新子安あたりの農家で小規模に作っているに過ぎなかった。海岸に近い砂地で、セロリなどの軟白に都合がよかったし、肥料も浜辺にうち上げられた海藻類が使えるという便があったからだ。ところが、あのへんはあらかた町になってしまったし、需要の激増ということもあって、いまは遠州、房州、信州と、その栽培地もひろがってきた。そのため、たとえばカリフラワーならば、冬は房州もの、春は遠州もの、夏から秋にかけては信州ものと、適温の土地で出来た軟かくて味のよいものが食べられるようになったわけだ。

家庭の人たちは、調理の方法もちょっと見当がつかなかっただろうが、それよりも、いったいどんなものを買えばいいかということに全然といっていいほど知識がなかったので、自然と敬遠していたものと思う。それで、ここに大づかみな見分けかたと、下ごしらえの仕方と、使いみちを、簡単に説明することにする。これによって、皆さんがどしどし西洋野菜を使われるようになったら、喜ばしいことだと思う。

セルリー

なによりも鮮度を重んずる野菜だから、シャキッとした感じのものを選ぶことで、グンナリしたのは水気を失っている証拠である。買ってきてからしおれたら、コップに氷水を入れて、それに立てておくと、生き生きしてくる。

あの芳香が特に好きな人は、中まで緑色になっているパスカル・セルリーを選ぶといい。芳香が強く、ビタミンにも富んでいる。あの匂いにあまり慣れていない人には、白色のものがいいだろう。春は房州もの、夏は信州もの、秋から冬は遠州もの。

生まで食べるなら一人分二百グラム見当買えばいい。外側の茎と根をとり、たわしできれいに洗って、塩をつけてかじる。煮込んでもうまいが、セルリーのよさはなんといっても生まだ。

カリフラワー

花の部分の色が雪のように白く、きれいで、固く締まっているものを選ぶこと。開いたものは味が落ちるばかりでなく、茹でるとトロケて歯ごたえがない。陽気が温いと締まりがわるいので前記のように、季節によって産地が変ってくるわけだ。葉はみずみずしい緑色をしたものがよいので、枯れた葉のものは、花もかならずよくない。葉の裏に黒い点々のあるのは油虫がついている証拠。一人前は二百グラム見当。

葉と茎を切りとってよく洗い、花の中のゴミや虫などをとり除くために水に十分から二十分ぐらいつけておき、それから熱湯の中に入れ、フタをして、茹でる。茹でる時間は、花を小さく分けた場合は十分ぐらい、そのままのときは二十分ぐらい。

マヨネーズなどのソースをかけて食べたり、油炒めにして肉料理の付け合わせにしてもよい。すき焼のザクにしてもオツなものである。

ブロッコリー

花やさいの一種で、緑色をしたもの。その緑色が暗緑色で花蕾がよく締まっており、茎が短かく生き生きし、葉が小さいものがよい。使いかたはカリフラワーに同じ。

スプラウト（芽キャベツ）

明るい緑の、生き生きしたもので、よく締まっているのがよい。カサカサした感じのものは避ける。黒い点々のあるのは油虫のついたもの。いたんだ葉をとり除いてよく洗い、水に二、三十分ひたしてから、塩を少々入れた熱湯で十分から二十分ぐらい茹でる。形の大きいものには、シンまでよく茹だるように、株の所に十文字にかくし庖丁を入れておくとよい。

それからバタ炒めにしたり、クリーム煮にしたりする。

レタス（サラダ菜）

大きくて、固く巻いているものならまちがいない。

生までフレンチ・ドレッシングかマヨネーズをかけて食べる。丸ごと食卓に出し、外側から掻きとり、別皿にとりわけて食べるのは、親しさがあって気分のいいものである。

紫キャベツ

選びかたはだいたい普通のキャベツと同様だが、赤紫色の濃いのがよく、青みを帯びたものは避ける。

サラダの色つけに使う。甘酢に四、五日つけておいたものや、せん切りにして甘酢をかけて食べてもいい。

エンダイブ（苦ちしゃ）

サラダ用なら葉が細く切れてちぢれた品種がよく、シチューやスープには葉柄の幅の広いのを使うとよい。いずれにしても、よく軟白されたものを選ぶ。

生まで食べると、パリパリした歯切れと香気が、なんともいえない。

チコリー（フレンチ・エンダイブ）
苦ちしゃの一種をもやし（軟白）たもので、選びかたも、食べかたもエンダイブに同じ。

パセリー
縮葉種と、並菜《なみば》種とあるが、前者が一般的である。葉が細かくて、よく縮れたものがいい。
使いみちはどなたもご存じのとおりで、日本料理のツマにもよく用いられるから、庭の隅にでもすこし植えておくと便利である。根さえあれば、切っても切ってもあとから芽が伸びてくる。寒いときは霜よけをしてやればよい。

ケール（緑葉キャベツ）
葉が細かに縮れたものがよい。夏のものは、よほど冷涼の地でとれたものでないと硬いから、気をつけること。
パセリと同様、洋食の付け合せや、サラダに用いる。あまり用いられない野菜だが、栄養価はとても高いものである。

リーキ（西洋ねぎ）

白根の部分がなるべく太いものがよい。

これは、日本ねぎより軟かで、甘味があるもので、サラダにしたり、スープの味つけに用いるが、日本料理にもねぎ同様に使ってよい。

ルバーブ（食用大黄）

日本のふきと同じようなものだから、茎（ほんとうは葉柄）が長く、赤い部分の長いのが上質品である。

葉柄の皮をむいて、さっと茹で、塩かマヨネーズやフレンチ・ドレッシングで食べる。

アスパラガス

たけのこと同様、掘立てのものにかぎる。グリーン・アスパラガスは緑の色が濃くて、茎がまっすぐで、先端のいたんでないのが新鮮な証拠だし、軟白したものやつやがあってみずみずしいものを選ぶことである。頭のほうだけが青く、下部がずっと軟白されたティップ・アスパラガスが最上品。

信州、遠州のほか、高崎方面でもよいのが出来、また八丈島でも内地が寒い季節にいいのがとれるので、便利になった。ついでだが、八丈島の西洋野菜栽培はなかなか条件がよく、レタスも、じゃがいもも内地より二、三カ月前に収穫できるし、西洋野菜はいったいに背丈が低いので、名物の風にも驚かないのである。

さて、アスパラガスを茹でるときは、束にして、軟かいほうの端がすこし熱湯の中から出るように縦に入れると、先端が茹で過ぎにならずにちょうどよい。マヨネーズがいちばんよく合うことはご存じのとおりである。

コーラビ（球茎キャベツ）

キャベツの一種であるが、葉を食べないで、かぶのように太くなった茎を食べるものである。この球茎の大きなものが上等。

利用法は大体かぶと同様で、味もかぶと同じように、甘くて、軟かい。

ビート

品種がいろいろあっていちがいにはいえないが、中心まで美しい濃紅色をしていて、軟かいのが上質品である。

その美しい色を損《そこな》わないように調理することが大切で、葉を四～五センチぐらいつけ、洗うときによく注意して皮に傷をつけないようにしなければいけない。そして、酢をすこし加えた熱湯で三十分から一時間ぐらい茹でる。
生まを輪切りにして酢漬けにしてもよいし、また茹でたのを油炒めして肉などといっしょに煮込んでもうまい。

ラディッシュ（二十日大根）
ほとんどオードーブル用だから、中玉の色のきれいな物を選ぶ。
生まで食べるに越したことはなく、酢漬けにしてもよい。

ルタバガ（スエーデンかぶ）
肩が紫色で下半分が黄色なものより、肩が緑色で内部がクリーム色の丸形のほうが、味がよい。
かぶと同様に調理し、同じように用いられる。

キャロット（西洋にんじん）
品種が多くていちがいにいえないが、大体日本にんじんに準じて選べばよい。最近アメリカ種の十二〜十五センチぐらいのがよく出回るようになったが、軟かで、うまい。西洋人はにんじんをおもに生まで食べるから、軟かな、甘味に富んだものに改良されているわけだ。

塩で揉んで洗って、サラダ・ドレッシングなり、マヨネーズなりで食べる。スープやシチューの材料にもよい。

バースニップ

オランダみつばとも、白にんじんとも、アメリカ防風ともいう。大きくて、太く、軟かなものがよい。

スープに甘みをつけるのに用いられるが、茹でたものをカレーライスに入れても、なかなかいいものである。

サルシフィー（西洋ごぼう）

あまり用いられないが、参考のために書いておこう。調理すると、牡蠣《かき》に似た香りのするごぼうである。フライにしたり、スープやシチューの材料にしたりする。太くて、大きい品を選ぶこと。

セルリアック（根セルリー）

セルリーの一種で、かぶのように太った球根を食べるのだが、この球根の大きなのが上等品である。

セルリーと同じような芳香があるので、生までサラダにするか、皮をむいて、熱湯で茹でて、マヨネーズやホワイトソースで食べてもよい。

アルティショ（アーティチョーク＝朝鮮あざみ）

暗緑色のつやのある多肉質の葉が密に重なりあったのがよい。一人あたり一個が標準。酢を加えた塩水で茹でて、その一片または二片ごとにむいて、各片の根元の柔かい部分を、上下の歯でかみとって食べる。シンはナイフとフォークで食べるのである。熱くしたバタがよく合う。

ピーマン

甘味のあるのがよければ、肉の厚い、きれいな緑色をしたものを買えばよい。肉の薄いものは辛みが強いが、ピックルスの味つけや詰めもの料理に向いている。前者は熟すると鮮紅色になる。

前記のほか、いろいろな調理法があるが、ただバタ炒めにしただけでもうまいことは、周知のとおりである。

オクラ

これは、開花後三日目ぐらいのごく未熟な実を使うのだから、絶対に、新しくなければならない。とって日の経ったものは使えないのである。

三日目ぐらいのものは、さといものようなヌメリと独特の香気があって、スープやシチューの実によい。ただバタ炒めにしたものも、ビールのさかななどにオツなものである。

五、六日のものは、仕方がないから生のままトロロのようにすりおろして食べるとよい。

シャンピニオン（マッシュルーム＝西洋まつたけ）

白と黒があるが、いずれも形がよく、傷がなく、足の短かい、笠の開いてないものを選ぶ。

根のいしづきをとって、水をとりかえながら、よく洗い、すぐ蒸し煮しておいたほうがよい。

油炒めして、スープ・ストックか生まクリームで煮込むのが一般的な料理である。むろん、まつたけでも代用できる。

香辛野菜

家庭でつくる西洋料理が、なんとしてもレストランで出すものと違う原因のひとつに、香辛料の問題もあると思う。家庭では、ほとんど胡椒しか使わない。特殊な料理にカレー粉を使うぐらいのものだ。そこで、香辛料をすこし研究して、取り入れてみると、グッと西洋料理らしい西洋料理ができるものと思われる。

ところが、ここで注意しなければならないことは、日本人は香りに対して弱いという事実である。特に、食べものの香りは、淡白なのが好きで、強烈な香りは敬遠する。これは、どうにもならぬ生理的なものらしい。体臭にしても、西洋人はわきがをきらわないし、かえってこれに性的魅力を感じるのである。身体やきものにつける香水でも、西洋のほうがずっと複雑で、進歩している。香水くらい西洋と日本の差の大きいものもあるまい。

こういう匂いに対する生理的な相違は、やはり気候風土からきたものといっていい。人間だけでなく、だいいち植物からして香りが少ないのである。たとえば、アメリカのりんごが二つか三つ部屋にあると、部屋じゅうにプンプンとその香りが充満するものだが、日本の最上のりんごでもそういうわけにはゆかぬ。ネーブルにしても、広島あたりでカリフォルニヤから持ってきた苗木をカリフォルニヤと同じ方法で育ててやっているが、香りの点でどうしてもむこうのものに及ばない。これは、湿気の多いことが第一の原因らしい。ことに雨が降ると植物の香りはどんどん流されてしまうのだ。

外国の香辛野菜を日本で栽培することも、ずいぶん試みられてきた。福羽《ふくば》苺で不滅の名を残された福羽大膳頭《だいぜんのかみ》は、蔬菜《そさい》や果樹の栽培ではまったくの名人だったけれども、外国の香辛野菜を日本に土着させることだけは、どうしてもうまくいかなかった。大阪ガスの社長だった片岡直方さんの中山農園でも作っていたが、いつの間にか立ち消えになってしまった。私も、青山御所の中の官舎の庭で、ずいぶん丹精してやったものだ。東京に入港したフランス船の司厨部にいって、エストラゴンをいく株かもらってきて植えたこともあった。種子を蒔いてつくるのとちがって、これは長い間いい香りを保っていたが、数年も経つとそろそろあやしくなってきたのだった。それくらいだから、商売に始めた人など(多摩川あたりにあったようだが)、長続きするはずがなく、パッタリやめてしまった。

とにかく、香りがドンドンなくなってゆくのだから仕方がないのである。早い話が、日本の月桂樹の葉は、そのまま嗅いでみるといい香いがするのだけれど、熱を加えるとたちまち香りが雲散霧消してしまう。それだけ、日本の風土は香りを育てないのである。

といったようなわけで、日本人は香りに対して弱い。逆にいえば、敏感ということもいえるかもしれない。それに、日本のいわゆる漢方薬に外国の香辛料と一致するものがたくさんあった。(現に、香辛料そのものは洋食料品店で売っているが、その原料はたいてい漢方薬店に行けば手に入る)。丁子《ちょうじ》とか、肉桂《にっけい》とか、サフランとか——しかも、それを煎じて(すなわち料理して)飲んだものだ。薬というものは、心身不快のときに服むものだし、おおむねイヤなものだ。薬臭いという言葉があるくらいだ。

日本人には、どうやらこの漢方薬の記憶というものがひどく効いているらしく、香辛料をすこし強くすると、いやがる人が多い。外国人特に南洋の人は香辛料が好きなので、宮中の饗宴でも、主賓のお国柄に合せて香辛料を使うのである。すると、あとでよく「きょうのスープは中将湯の味がしましたね」などいう人がある。どうしても、あの匂いがいやなのだ。そこで私は、「きょうのお客さまはだれだったか、考えてくださいよ。インドネシアの大統領じゃありませんか。あなたがお客さまじゃないんですよ」など、憎まれぐちをいい返すわけだが、とにかく日本人の香辛料に対する受け入れ態勢はこの程度だと考えていいのである。

それで、家庭では、次の八種類ぐらいを取り入れてみたらどうだろうか。

ナツメグ(仏名、ミュスカード=にくずく)

実はあんずに似たにくずくの種子をそのまま、またはそれを挽《ひ》いたもので、ひろく肉料理や菓子に使われる。おなじ果実の殻からとったメースも専門家はよく使うが、香味が強すぎるので、ナツメグのほうが無難である。

クローヴ（仏名、ジロフル＝丁子）

丁子の花のつぼみを乾燥させた釘の形に似たもので、それを挽いたものもある。また、実を丸のまま乾したもの、または挽いて粉末にしたものもある。スープ、ソース、肉料理によく用いる。

ホース・ラディッシュ

西洋わさび。わさびのようにおろして、そのままたは酸味をつけたソースに混ぜて用いる。

パプリカ（ピーマン）

西洋とうがらしの赤く熟したものを粉末にしたもの。やや甘味があり、辛味はとうがらしより少ない。魚類の料理や、サラダ・ドレッシングに用いるとよい。香りだけでなく、美しい色づけのためにいいものである。

ローリエ（ベイリーフ＝月桂樹）
月桂樹の葉を乾燥したもので、スープ、肉料理、ピックルスなどに非常に多く使うものである。

オール・スパイス
西インド産のピマンツリ（ピメント）の実を乾燥して粉末にしたもので、シナモン、丁子、ナツメグを合せたような香味をもっているので、こういう名がつけられている。ひろく肉料理や、魚料理、製菓用、またソースやピックルスを作るときに用いる。

シナモン（肉桂）
肉桂の皮を粉末にしたもので、主として製菓用だが、料理にもひろく使われる。

タイム（たちじゃこうそう）
肉、鶏、貝料理などによく用いる。草そのものを乾燥させたものと、粉にしたものがある。

その他、胡椒、カレー粉、マスタード（西洋辛子）などはむろん常備されていることだろう。

もうひとつ忘れてならないのは、ニンニクだ。日本人は、これの匂いを嫌うのあまり、家庭の台所からまるっきり締め出しているのは、たいへんな損失である。ニンニクが、特に肉料理の味わいを出す効用をよく認識して、上手に利用することだ。近年、餃子《ぎょうざ》の流行からだいぶこれに慣れてこられたようだが、西洋料理では一種の「かくし味」または「かくし香味」として、非常によく使うのである。そのまま使ってもよし、ガーリック・ソルトといって、ニンニクを乾して粉にして細かい焼塩と混ぜたものを売っているが、これなど使うのに便利である。

さて、こういった香辛料には、かならず相性というものがある。その相性をよく知って、うまく使い分けることが、料理の大きなコツの一つといっていい。それをあらまし述べてみよう。匂いの強い野菜も、香辛料に準ずるので、附け加えることにする。

肉料理に合うもの

調理の場合は、ニンニク、しょうが、玉ねぎ、ローリエ、セルリー、パセリー、胡椒、ナツメグ、丁子。つけて食べる香辛料としては、西洋辛子、ホース・ラディッシュ。

魚介料理に合うもの

ブイヤベースなどは別として、魚介料理にはあまり香辛料を用いないが、タイム、ローリエ、パセリ、セルリー、おろした玉ねぎ、胡椒などが合う。いちばんよく合うのはレモンで、これは食べるときに、汁をしぼってかけるのである。

ついでに、日本の香辛料（いわゆる薬味）の相性を述べておこう。

さんしょう

吸物、でんがくは常識。煮物も淡味のものに向き、さしみのつまにも、どちらかといえば白身の魚によく合う。ところが、粉ざんしょうとなると、うなぎ、どじょう、牛肉や鶏のつけ焼、味噌汁、鯉こくのような濃厚なものに合うから妙である。

わさび

赤い身のさしみによく合う。ただし、かつおにはしょうががいい。およそ脂気のあるものといっしょになると、わさびの辛味はたちまち消えてしまうので、まぐろの中トロ、大トロにはつけてもムダだ。それでもすし屋では、やっぱりわさびをつけて握る。百も承知の上なのに、どうしてあんなムダをするのだろう。何か工夫はないものか。

伊豆ものが最上で、昨年はいわゆる狩野川台風で全滅の憂き目に会い、東京の高級すし屋ではだいぶ慌てたようだ。だが、信州のものも、ほとんど伊豆ものとひらきがないのではないかと思う。わさびのおろしかたは、かならず、葉つきのほうから削ぎ、なるべく目の細かいおろし金で、円を描くようにしておろすのである。

しょうが

なまぐさみの強いものや、脂っこいもの、特にすっぽんとか、くじらとか、サバなどにはなくてはならないものだが、不思議と白身の魚にもよく合う。鯉のあらいには、わさびもいいが、どちらかといえばしょうが醬油がいい。カツオも、これで食べたほうが口がサッパリする。もっとも、かつおの本場の土佐ではにんにくを、遠州あたりでは青ねぎまたは生まらっきょうを薬味にして食う。それも合理的といえる。

焼魚、特に白身の塩焼きに、しょうが醬油はよく合う。また、あんかけの料理にはしょうがのしぼり汁がつきものだ。これは、クズのひなた臭さを消すからである。

辛子

ふろふき大根、おでんのような煮物にも、ビフテキ、ロースト・ビーフのような焼き肉にも合う。生まのものにはあまり用いないが、むかしはカツオのさしみを辛子で食ったということが文献に残っているから、好事家《こうずか》は試みてみるのもいいだろう。

柚子

味噌にいちばんよく合う。とり味噌、ごま味噌にも摺りこむと、グンと味を引き立てる。その他、おすましのような淡白なあついものに合う。

その他、料理の味を引き立てる日本独特の香味料は、ざっと挙げただけでも次のようにバラエティーに富んでいる。食欲をそそるため、また食生活に豊かな色彩を添えるために、ぜひ四時を通じて活用したいものである。

だいだい酢は、チリや湯豆腐に、またエビやカニに——

海苔は白魚のおすまし、めん類、とろろ、ひたしもの、五目ずしなどに——

ねぎは、ほとんどあらゆる汁ものに、めん類に、また、合鴨、羊、モツ類などの焼き肉に――
もみじおろし（だいこんの切り口に縦に切れ目を入れ、赤とうがらしをさしこんでおろす）は、チリ（特にふぐチリ）のポン酢に――
辛味大根は、そば、てんぷらに――
ふきのとうは、はまぐりのおすましに、味噌汁に――
しそは、さしみのつまに、酢のものに、おすましに――
とうがらしは、漬物に、脂っこい焼き肉に――
防風は、さしみのつまや、酢のものや、ごま和えに――

乾物

乾物を上手に選び、上手に使うことも、料理の秘訣の一つである。特に、わが国ではダシの材料になる鰹節も、こんぶも、椎茸も乾物だから、それが料理の味を決定するともいえる。

中国はまったく乾物の国である。中国の一流料理店に行くと、燕窩《イエヌウォ》（海つばめの巣）、魚翅《ユイチイ》（ふかのひれ）、銀耳《ニンアル》（白きくらげ）の材料を上中下といろいろ持ってきて、客に選ばせる。それによって、料理の格が決まるのである。たとえば、燕窩では、色が白くて形のくずれていないのが第一級品で、色が灰色だったり、燕の毛やゴミなどの混っているものが第二級品、形がバラバラにくだけているものが第三級品となっている。この三逸品のほかに、海参《ハイレエヌ》（干しなまこ）、乾鮑《カヌパウ》（干しあわび）、乾貝《カヌペイ》（干し貝柱）、蝦米《シャミイ》（干しえび）、竹孫《ツースン》（竹林に生えるきのこ）など枚挙にいとまがない。だから、乾物をもどして料理する方法の発達していることは、中国が世界一といっていいだろう。

私はかって、料理研究のために中国各地を半年ばかり歩いたが、けっきょく、いちばん感服したのは、乾物の発達していることと、そのもどしかたの上手さであった。

西洋にはあまり植物性食品の乾物がない。干しぶどう、アマンド（アーモンド）、くるみ、ピーナッツ、それにマカロニのようなものである。動物性食品の乾物となるとさすがに発達していて、ハム、ベーコン、鮭・鱒などの魚類の燻製、バタ、チーズなどの乳製品等、多種多様である。

こういう乾物、または醱酵食品には、その民族の体臭が濃くしみついているから、味の地方色《ローカルカラー》を味わいたいと思うならば、あるいはそれを表現したいならば、こうしたものを上手に使いこなすのが近道でもあり、秘訣でもあるといっていいだろう。

まず、日本の乾物から、ながめていってみよう。

日本の乾物

しいたけ

生まより乾したものがうまいものは少ないが、これはその一つ。笠の肉が厚くて、しかも乾燥がきいていること。色は黄色がかっていて、香気の高いものが良品である。ただし、すしには、肉が薄くて笠のよく開ききったものが向く。

精進料理には欠かすことのできぬものだが、それはたんに味がいいとか、いいダシが出ることだけでなく、おどろくほど多量の蛋白質とビタミンBを含んでいるから、菜食ばかりだったむかしの僧侶にとっては、大切な栄養源の一つでもあったわけだ。また、これは性欲抑制の作用もあるといわれているから、この性質も覚えておいてよいことだ。

もどすのは、水に漬けておくだけでよい。調味料は、砂糖と醬油がよく合う。

かんぴょう

淡い飴色をして、汚いシミがなく、長くて、太さにムラがないものがいい。

水かぬるま湯にひたして洗う。カビのついているものは塩をふって揉み洗いするとよい。もどすのも、水でもぬるま湯でもよいが、早くやりたいときは塩をすこし入れる。そして、よく水洗いして真水で茹でる。ただし、長くつけておくと味が落ちるから気をつけること。

調味料は、砂糖、醬油がよく合う。クタクタに煮過ぎると、値うちがなくなるから、軟かでしかも歯ごたえがある程度に煮ることがかんじんである。

そうめん

手打ちのそうめんというものは、ほとんどなくなったが、もし切り口に小さい穴のあるものがあれば、それは手打ちの証拠で、機械打ちよりはるかにうまい。手打ちには、ときどきカビのきているものもあるが、多少のカビはさしつかえない。

そうめんを茹でるときは、熱湯にバラバラほごしながら入れ、沸騰しかけたとき、水をさし、二、三度これをくりかえして、軟かくなったら、水にさらすのだが、そのとき、冷めないうちに手を使うと、手の脂肪が吸収されて脂臭くなるから、鉄火箸でかきまぜてよく振り出し、何回も水をかえて、よく冷えてから手を使ってよく揉み洗いする。この鉄火箸を使うのがコツで、新そうめんの脂気もこれで不思議と抜けてしまう。

マカロニ

マカロニは何十種類とあっていちがいにはいえないが、全体に共通した選びかたは、第一に、色が美しい乳白色をしていること、第二に、ポキンと折ってみてその折れ目が瀬戸物を割ったときのように鋭くなっているものがよい。日本のうどんとちがうところは、その味に醱酵作用によるこまやかな味わいのあることとである。それのないのは、下等品である。

ついでに、干した麺類の茹でかたの注意をつけ加えると——よくしまるように茹でたいときは塩を少々加えるとよいこと。そばはうどんよりやや固めに茹でること。ひやむぎは、沸騰しかけたら差し水を二、三回くりかえして半透明になるまで茹でてから、よく水にさらすこと。この差し水は、すべての麺類を茹でるときに共通のコツで、これをやらずグラグラ煮つづけると、表面だけがベタベタになり、シンまで火が通らないのである。

マカロニは、すこしめんどうである。まず第一に、茹で湯には必ず塩を加えることである。マカロニ四百グラムに対して、湯を二リットルぐらいグラグラに煮たて、その中に粗塩を大さじ一杯加えて、一応火をとめる。そしてマカロニを一方の端から湯の中に入れ、それが軟かになるにしたがって他の端のほうへと浸してゆく。こうして全部沈めてしまったら、また急速に強火で沸騰させ、すぐ火を弱めて十分ぐらい茹でる。茹であがったら、熱い料理に使う場合は、ざるにとり、水を切って調理する。冷たい料理に使う場合は、冷水にさらしてから調理する。

こんぶ

ダシこんぶは、色が黒く、分厚くて、カビのきていないものを選ぶ。

こんぶの砂を落すのに、水で洗うのはいけない。表面に結晶している白い塩のようなもの（マンニットという）もよい味を持っているのに、それが水に逃げてしまう。かならず堅く絞った布巾で砂だけをこすり落すことである。こんぶのダシのうまさの主要成分であるグルタミン酸ナトリウム塩だけでいいのなら、なにも手数をかけてこんぶを使わなくても、味の素で充分なのである。

こんぶのダシの引きかたは、水一リットルにこんぶ八〇グラムから一〇〇グラムぐらいの割合に用意し、布巾で拭ったら、水から入れて蓋をしないで煮る。これはかつおぶしのダシをとるときも同様で、蓋をすると汁が濁ったり、ついタイミングを誤ったりするからである。一法には、湯が煮立つ間際に入れるやりかたもある。

いずれにしても、煮立って一分もしたらすぐこんぶを引き上げてしまわなければいけない。長く煮ると、こんぶの匂いがダシについてよくない。こうしてとった一番ダシは吸いもの用にし、次に、また水を入れて、こんどはやや長く煮たものを二番ダシとして煮物に用いる。

こんぶのダシは、精進料理には欠かせないものだが、そのほか魚類、鳥類を主な材料とする料理に合うものである。

なお、ダシがらのこんぶは、小さく切って醤油で佃煮に煮ておくと、お茶漬によい。新しいこんぶでやるときは、大豆をひとつまみ入れて煮ると、柔かく煮える。酢をすこし入れるのも、軟かく、味よく煮る秘訣である。

わかめ

筋のよくとれた、自然の青黒い色をしたものがよい。人工で青い色をつけたものがあるが、着色したものは、気をつけてみればすぐわかる。銅の化合物で着色することも多いから、不自然な青い色がたくさんついているのは危険でもある。こんぶにもそれがあるから、気をつけることだ。また、葉が薄いわりに弾力を持った感じのものだと、軟かでうまい。

堅いわかめに出会ったら、こんぶと同様、煮るとき大豆か酢を用いるとよい。

浅草海苔

黒紫色でいいつやがあり、よく乾いていて、厚さが一定しており、ワラやゴミのついていない、香気の高いものが最良品である。穴があったり、色にムラがあったり、あまり厚いものはよくない。大森ものが最上、次が千葉ものとなっている。大森ものの中に、表面がガサついて見た目はよくないが、安くて味のとてもよいものがあるから、家庭の惣菜用には徳用である。ただし、すしには使えない。朝鮮ものは、紙を食べるようで、どうにもならない。

浅草海苔は焼き加減がむつかしいもので、弱い火で長く焼くのはいちばん下手なやりかたである。香気は失せるし、焼きムラができる。強火で一気に焼くのがいいが、うっかりすると焦げやすいから、火の上に餅あみ（かならず油の匂いや生ぐさみのついていないもの）をのせ、その上に海苔の四隅をかわるがわる押しつけるようにして、手早くあぶると、焦げもせず、平均に焼けるものである。なお、海苔は片面だけ焼くもので、たくさんいっしょに焼くときは、二枚ずつ重ねて、前記のようにして焼けばよい。

大豆　小豆

なるべく球形に近く、重みがあって、つやのよいもの。また、よく乾燥して、粒が揃っているものがよい。

豆類のもどしかたは、灰アクを用いる。灰アクは、熱湯二リットルに木灰〇・六リットルを合せ、その上澄汁を布巾でこして瓶詰めにしておく。それをひやす水にまぜるとよい。豆なら約一昼夜漬けると柔かく煮える。重曹は豆の中のビタミンを破壊するから、なるべく使わないほうがよい。

なお、水だけで豆類をもどすとき、硬水を使うと、その成分と豆の中の蛋白質と化合して硬くなるから、硬水の家庭では、かならずいったん沸騰させて軟水にしてからヒヤすことである。そして、浸し汁を茹で汁に用いると、栄養的にもよい。

ついでに、豆類の煮かたのコツを簡単に書くと——

ふじまめ、十六ささげ、さやいんげんなどの生まのは、ぬるま湯から茹でて、沸騰してから五分間ぐらいで火を止める。

さやえんどう、さやいんげん、青豆、新そらまめ、えだまめなどの青みを逃がさぬ茹でかたは、洗ってざるにとったら、塩をふって五、六分おき、そのまま熱湯の中に入れてフタをしないで茹でるのである。茹ですぎると、色もつやも失せるから、よく注意すること。

茹だったら、ざるにとって、ウチワであおいで冷ます。水にさらしてはいけない。見てくれだけの料亭料理は別だが――。

小豆、十六ささげ、えんどうなどの乾物を甘く煮るときは、前記のようにして茹でてから、別に作っておいた甘露（砂糖を煮てつくった蜜）で煮ると手際よくできる。

米

米を乾物に入れるのも変だが、豆類が出たついでに書いておく。

配給制度がつづいていて、あてがい扶持の米しか食べられぬ今日、米の味をいうのはおかしいようだけれど、日本人が食べもの全般のことを書こうというのに、米に触れないのも、これまたおかしいことだろう。

まず、米には軟質米と硬質米とあることを知っていなければならない。軟質米というのは乾燥が不充分なために、貯蔵には向かないが、大体小粒で、粘りけが多く、においも味もよい。東北地方の米は大体これである。しかし、その中で庄内米だけは、味も粘りもいいうえに、乾燥も充分で、貯蔵したものも味がたいして落ちないので、むかしから珍重されてきたわけだ。

硬質米というのは、たいてい大粒で、乾燥がきいており、貯蔵力が強い。だが、粘りけが少なく、甘みはあるけれども、風味は軟質米に少々劣る。

次に、地方別に、産米のあらましの性質を述べると——

北海道地方の米

軟質米で、つき減りが多く、貯蔵もあまりきかないが、味は大体において東北地方の米よりよい。

東北地方の米

大体北海道地方に似ているが、秋田県由利郡の秋田米、山形県の庄内米を除けば、味はあまりほめられない。

関東地方の米

千葉県の米などは、むかしはたいへん軽蔑されたものだったが、近頃はグンとよくなった。関東一帯の米は硬質米で、つき減りも少ないし、貯蔵にも耐えるが、味の点は感心せず、翌年の六、七月頃になると風味が非常に落ちるので、戦前の東京の米屋さんは東北地方の早刈り米を「味つけ米」と称して混ぜて売ったものだ。関東地方でも、埼玉県東部の米はおいしいので有名だし、茨城県のものは貯蔵のきくことで尊重される。

東海道・関西地方の米

美濃平野の米は、つき減りが多く、貯蔵力もあまりないが、味の点では関東米より上である。滋賀県、三重県の米は、全国でも有数な良質米で、つやも香りもいいし、炊き殖えして、粘りもある。関西の人たちはこの地方の米をいちばん好んでいる。

中国地方の米

瀬戸内海側と日本海側とでは、うんとちがう。山陽方面の米は、粒が大きく、硬質米で、貯蔵もきき、味もよい。山陰方面の米は東北地方のものに似ている。

四国地方の米

大体、山陽米に似ている。

九州地方の米

硬質米で、貯蔵力もあり、香りも味もよい。むかしから「日向米」といえば、東京の食通がわざわざ現地から取り寄せて食べていたほどで、中でも宮崎県西諸県《にしもろかた》郡、北諸県郡、児湯《こゆ》郡のものは絶品である。しかし、熊本県の菊池、上益城《かみましき》、鹿本郡のものや、鹿児島県の伊佐郡、姶良《あいら》郡、肝属《きもつき》郡の米も、それに劣らぬぐらいうまい。

飯の炊きかた

電気釜がものすごく普及した今日、もう飯の炊きかたでもあるまいが――炭や薪で炊いた飯はうまい、ガスで炊いたのはまずいなどよくいわれているけれど、外部から加わるのは熱そのもので、純粋に物理的なものだから、燃料によって変るはずはない。炭や薪で炊くときと同じような火力の変化を操作できれば、何で炊いても同じだ。とにかく、薪で炊くときは最初は燃え始めだからチョロチョロだ。中ほどで非常に強い火熱（家庭用のガスではここのとこがどうか？）になり、吹いてきて火を引いたあとにはオキの余熱がジンワリと残っている――というそのとおりの加減ができれば、石油コンロでも、なんでもおんなじことだ。（ガスの場合は、消す前に二、三秒火を大きくしてパッと消す）。

ただ、釜によって味のちがうことはハッキリした事実だ。なんといっても、熱の伝導のおそい土釜がいちばんよく、次はなるべく厚い鉄の釜である。

水加減は、新米は米と同量、古米は水を一割から二割増し、半つき米・七分つき米・胚芽米は三割から四割増し、外米は五割増し見当にする。

なお、炊きあがった飯は、よく蒸らしてから、よく乾いた飯びつに移して、上に布巾をかけておくことだ。釜のままでおくと、水っぽくなり、味が落ちる。飯びつに移して、やや冷え加減になったときの飯がいちばんうまい。フーフー吹いて食べるのは、飯を味わうという点からいえば愚かなことなのである。

かつおぶし

日本人がつくり出した乾物の中でも最上の逸品で、世界に誇るべき食品であろう。とにかく、味がよく、栄養価がすばらしく、使いみちが広く、家庭には一日も欠かすことのできないものである。

山中に一人とり残された男が、一ヵ月あまりというものを、一本の鰹節をしゃぶりながら生きていたということを聞いたことがあるが、それはともかく、鹿児島や土佐のあたりでは、元気が衰えたとき、鰹節をどんぶり一杯けずって、それに熱湯をぶっかけ、塩または醬油、もしくは味噌を入れてかきまぜ、その汁を飲む。その効きめのてきめんなことはおどろくべきものがあり、食中毒などで吐いたりくだしたりしてグッタリしている病人などが、これでたちまち生き返ったようになる。覚えていて損にならぬことだ。

さて、鰹節はどうしてつくるかといえば、まず生きのいい鰹を三枚におろし、片身を二本におろす。その背側が雄節、腹側が雌節になる。ただし、形の小さいものは片身が一本になる。それが亀節だ。

それを大釜で煮て、煮上がったら水に漬けて皮や小骨などをとる。それからホイロに入れて燻乾する。それを二十日か一ヵ月間に十回ぐらいくり返し、それがすんだら箱に入れて青カビをつける。このカビつけというのが、大切な工程であって、カビが鰹の肉の蛋白質を分解してうまい味のアミノ酸をつくるのである。まったくむかしの人はどえらいことを考えついたものだ。一回のカビつけに二週間ぐらいかかるが、二週間したらいったん取り出して日に乾し、またカビつけする。これを四回か五回くり返して、ようやく鰹節ができるわけだ。

さて、鰹節の見分けかただが、拍子木のように叩いてみて、カチンカチンと堅い音のするものが、よく乾いている証拠である。濁った音のするものは、乾燥がきいていない。それに、肌に紅いつやがあって、香りがよく、脂気のないものを選ぶことだ。薩摩や土佐の鰹節がいいというのは、あのへんの沖でとれる頃の鰹は、水温が高いために脂があまりのっていないからで、あれからずっと伊豆あたりへ北上してくる頃には脂がのりすぎて、いい鰹節にならないのである。

鰹節は、料理のつど削って使うべきであって、削っておいたものは酸化して味が落ちる。また、削り節として売っているものは、ほんとうの鰹節のものでも、機械できれいに削るためには、蒸して柔かにしなければならないし、機械の熱は加わるし、どうしてもなまぐさみが出てくる。だから、良心的な料理屋は、いくら上等の削り節でも使わない。それどころか、吸い物には味のデリケートな亀節を、煮物や花がつおには味と香りの濃厚な本節をと、使い分けるのがもっとも良心的な家である。

いわんや、鯖節かなんかを削って袋に入れて売っているのを湯豆腐の上などにのっけて出す食堂があるが、いくら値段が安いからといって、すこしひど過ぎる。あれは猫の食べものなのである。いや、猫でもすこしぜいたくなやつは、あれをかけた飯には口をつけないのがいる。傷のある鰹節なら安く買えるから、値段にしてあまり変りはないはずだ。手数を惜しんであんなものを使う食堂はケシカランと思う。また、家庭でもあれを使う家の人は、味覚を語る資格はない。

鰹節は、世界に誇るべき民族食品の最高客なのだから、せめてこれくらいはよく吟味して使う心のゆとりを持ちたいものだ。経済的にはたいして負担のかかるものではない。よしんばすこしは高くついても、それはほんとうにつつましい贅沢だ。こうした、味のかくれた部分に、かくれた贅沢をする家庭、そして民族の誇りを大切にする家庭、そんな家庭を私は尊敬したい。そういう家の人は、きっと人間にも味わいと深みがあるはずだ。

かつおぶしのダシの上手なとりかたは、水一リットルに対してかつおぶし（なるべくべっこう色の部分をなるべく薄く削ったもの）八〇グラムの割合に入れて火にかける。そして、鍋の中が泡立って、湯気が盛んに立ち昇り、もうひと息で沸騰しようというところ（泡がプクリ、プクリとゆっくり上がり始めたところ）を見すまして火からおろす。そのとき、ひとつまみの塩を入れる。これはかつおぶしのダシがらが再びダシを吸い取るのを止めるためである。それを漉して吸いもののダシに用いる。こうしてとったダシはクセがなく、上品ないいうま味をもっている。

そのダシがらにはまだうま味を多分に残しているから、二番ダシをとる。すなわち、前の半分の水を加えて、沸騰してからもしばらく煮て、充分にうま味を吐き出させるのである。これは煮物用に用いる。

かつおぶしの黒い部分（血合）は、味噌汁のダシに使うとよい。

魚の乾物

アジならアジの生きのいいのを塩焼きにして食べても、むろんうまい。ところが、これをひと塩ぐらいで干したものを食べると、また別の深い、細かい味わいがある。あれが乾物のよさであって、つまりは鰹節の場合と同じように、蛋白質が自家分解し、またエキス分が濃縮されているので、あの味わいが生まれるのである。

だから、動物性食品の乾物というものは、その発生は保存のためや遠距離輸送のためだったのだろうけれど、それがまた、われわれの味覚の世界の幅をグッとひろげてくれたのである。しかも、こういうものは、それぞれの民族が、むかしむかし、素朴な、しかも素晴らしい智恵によって、その土地の産物に磨きをかけてつくりあげた、珠のような品物であって、まったく味覚の宝物といってもよいものである。それらは、たいてい成分の自家分解や、自家分解のもっと進んだ醱酵というような作用を、ほどよく利用しているものだ。（乾物だけでなく、塩漬のようなものにもそれがある）。

それだけに、こうしたものには、独特の匂いがあって、他国者はなかなか慣れにくい。クサヤの干物しかり、ショッツルしかり、中国の鹹蝦《ハムハー》（小エビの塩辛）しかり、フランスのロックフォール（羊乳のチーズ）しかりである。ところが、いったんそれに慣れてくると、すっかり病みついてしまうもので、味の極致というものは、こうした食品にあるといってもいいと思う。

さて、魚の干物の見分けかたについて述べることにする。

まず、一般的にいって、見た目のきりょうのいいものである。うろこが落ちていず、外側も内側も同じように乾いていて、つやがあり、肉が締まった感じで弾力のあるものがいい。

表面が赤茶色に変色しているのは、いわゆる油焼けを起しているものである。腹の部分の破れたものもよくない。また、匂いをかいでみて、そのもの特有のいい香りのするものでなければならない。なんとなくイヤな匂いのするのは、醱酵臭でなく、腐敗臭なのである。

魚の干物を焼くときは、弱い火でまず身のほうを焼き、表面が脂でつやつやしてきたら、こんどは皮のほうをかなり強い火で焼くのが理想的である。こうすると、干物の味がほんとうに味わえる。

スルメ

五島のものが最上、隠岐へんのものもいい。次が北海産のものだろう。身がべっこう色をしていて、表面に粉をふいているのを選べば、まずまちがいはない。色の濃いものは、天気がわるいとき乾したもので、味が落ちる。

アジ　サバ

身の表面につやがあって、透明な感じがあり、皮の腹の部分が、きれいな銀白色をしているものを選ぶ。身の白っぽいもの、赤茶けたもの、白く塩を吹いたのはよくない。その他は、一般的な選びかたの項を参照。

しらす干し　ゴマメ　煮干し

みんなカタクチイワシである。しらす干しはごく小さい、色の白い子の時代に、とってすぐ塩で茹でて干したもの。均等に色が白く、美しいものが上等品。すこし腹のあるのがまじったものはトウチリといって第二級品になる。

ゴマメは、六〜七センチになったカタクチイワシを、とってそのまま干したもので、小型のものを買うことである。大型のは、そろそろイワシくさくなってきている。うろこの光った感じのものが、鮮度のいいのを干したものである。

煮干しは、ごまめよりやや大型のカタクチイワシを、茹でてから干したもので、惣菜用のダシ取りにおなじみのもの。田舎のうどん屋などでは、これを使っているところが多い。

煮干しの上等品は、つやがあって、腹が切れていず、腹のほうへ曲っている。腹の切れたのは、背のほうへ曲っているから、すぐわかる。

煮干しのダシのなまぐさみをとるには、真っ赤に焼いた鉄火箸を、ダシの中にジュッと突っ込むといい。

めざし　ほおざし

大きくなったイワシの干物である。文字どおり、竹で目をさしたものと、ワラでほおのところをさしたもの。ほかの干物でもそうだが、鮮度のいいものを現地ですぐ干したものと、ある場所まで運ばれて売れ残ったものを仕方なしに干物にしたものとは、味が雲泥のちがいである。もちろん、天気具合も大きくひびく。やはり、見た目の美しい、つやのあるものを選ぶことだ。

塩　鮭

アラマキがうまいことはいうまでもないが、それも、雄のほうがうまい。雌か雄かは口を見れば一目でわかる。雄は大きく口を開けており、雌は口が小さい。グンと突き出した頭部の尖端の曲っているのがいわゆる「鼻曲り」で、よく脂がのっている。

鮭の燻製

これには二種類ある。あまり日数をかけずに燻製にしたのは、身の色が紅みを帯びて美しく、食べても軟かである。反対に、長い日数をかけて燻製にしたものは、カラカラによく乾燥しており、色もずっと黒ずんでいる。長く保存したいなら後者を買うことである。といって、けっして前者が下等品だというのではない。好みによってどちらでも選べばいいのである。

卵

殻の表面がザラザラしているものが新しい。つやのあるのは古い証拠。そのほかの検査法は、すかしてみて濁りのないもの、また水に入れてみて底に横たわるものが新しい。すこし古くなったものは円みの大きい端を上にしてやや浮き、その程度によって浮きかたがひどく、腐ったものは水面に顔を出して浮く。

店ですでに冷蔵庫にいれてあった卵を買ってきたなら、なるべく早く使い、もし保存するならば、すぐ冷蔵庫に入れること。汚れている卵は布巾で拭いて、けっして水で洗わないこと。

すべて卵を料理する場合のコツは、高い熱を使わぬこと、長い時間熱を与えないことである。いつもトロ火で、やや足りない加減に火からおろすのである。なぜなら、おろしてからも余熱で調理が進行するからである。

あまり強い火を使ったり、長く熱したりすると、黄身の中の鉄分が白身の中の硫黄分と化合して、いやな暗緑色を生ずる。また外側ばかり早く固まって内側へ火が通らず、不平均な結果になったり、スが出来たりする。だから、茶わんむしを蒸す場合は、蒸し器の蓋をすこしズラして、中の温度が百度以上に上がらぬようにするわけである。

茹で卵をするコツは、第一に、冷蔵庫から出したてのものをすぐに煮立った湯に入れないこと（殻が割れることがある）、第二に、湯は卵がかぶるぐらいたっぷり用意すること、第三に、卵を入れたら火を弱めてけっしてグラグラ沸騰させぬこと、第四に、茹でる途中でときどき卵を静かにかきまわすこと（そうするといつも黄身が白身の中心にあって、片寄ることがない）、最後に、茹で上がったらすぐ水に放すこと（そうすれば黄身の表面が暗緑色に変らない）。

乳の乾物

バタやチーズは西洋渡来の乾物だが、いまでは、どこの家庭でも使わぬうちはなくなった。それにしては、その種類や良否の見分けかたについてあまり関心がないようだ。現在のところ、比較的大メーカーのものが多く、品質の点ではだいたい安心して使えるけれど、これが味噌や醬油のように普及してくると、中小メーカーがたくさんできてくるだろうし、外国のものもたくさん入ってくるだろうから、一応の知識は持っている必要がある。

バタ

バタは、牛乳の中の脂肪を分離させ、食塩を加えて固めたものだから、風味のいいこと、消化吸収のいいこと、いわゆるクセのないことなど、すべての点において、あらゆる動物性脂肪中の王者といってよい。外国には、山羊乳、羊乳からつくったものもあるが、日本ではほとんど牛乳だけである。

さて、その良否の鑑別のしかただが――

まず、色つやを見る。清潔な牧場の新鮮な乳からつくったバタは、美しい黄金色をしている。ところどころ斑点があったり、白みがかったムラなどがあるのは不良品である。人工着色のものにはこれが多い。

また、透明な感じの美しいつやのあるものが優良品で、日光に照らしてみて、曇ってみえるのは、不良品である。

次に、匂いを嗅いでみる。優良品は、なんともいえないクリームの香りがプンプンする。

この香りの少ないのは、成熟しきっていないバタである。チーズのような匂い、酢っぱいような匂い、牛小舎くさいような匂い、まぐさのような匂いなどのあるのは、原料がよくないし、製造過程がお粗末だったものである。

前にも何かに書いたと思うが、外国のやかましやは、バタの匂いで牛の飼料を嗅ぎわけるぐらいである。名前は忘れたが、ある文豪が、どうもいつものバタと風味がちがうので、文句をいってやった。牧場のおやじさんが、血眼になって広い牧場の草を調べてみたら、隅っこにニラが二三本生えていた——と、まあこういった話があるほどだから、製造過程にちょっと不潔なことでもしたら、すぐ匂いが変ってしまうのである。

次に、脂肪の組織を見る。粟粒ぐらいの細かい脂肪の粒がきれいに並んでいるのは優良品である。粒が大きすぎたり、それがこわれていたりするのは、製造が上手でない証拠である。

次に、ナイフで切ってみる。切り口に細かいヒビがはいることなく、しかもナイフに脂肪がベタベタ着かないのは良品である。

なお、マーガリンと天然バタの見分けかたは、ナイフの上にでもほんのすこしのせて、熱してみるとよい。天然バタはブツブツ立った泡がながく残っているが、マーガリンはすぐ消える。

チーズ

チーズは乳の中のカゼインを凝固させ、醱酵させたもので、バタほどには普及されてはいないが、戦後急に愛好者が殖えてきた。しかし、それもほとんどチェダー・チーズというごくクセのないチーズのことで、フランスのロックフォールやカマンベールのようにカビの生えた、鼻にも舌にもツーンとくるようなやつに舌鼓をうつまでにはいたっていない。

チーズには、製造方法によっていろいろな種類があって、水分を多く含ませた軟かいもの、水分をごく少なくして石のようにカチカチにしたもの、その中間のもの、全乳を原料にしたもの、脱脂乳を原料にしたもの、その中間のもの、また原料も、牛乳、山羊乳、羊乳、醱酵の度合いもさまざまで、二カ月ぐらいでできるものから、五、六カ月かかるものまである——という具合に、バラエティーに富んでいるのも、食道楽にとっては楽しいことのひとつである。

だから、その良否の見分けかたもいちがいにはいえないが、全体に通ずる事柄を述べれば——まず匂いだが、相当強烈であっても、純粋なチーズの芳香でなければならない。過度の醱酵からくる悪臭、製造過程の不潔からくる牛舎臭などのあるものはよくない。

次に、色つやだが、色合いが一様でムラのないもので、なんとなく半透明という感じのものがよい。全然不透明なものには、着色した疑いがある。

次に、軟チーズ以外では、外側の皮が固くて透明感があり、しかもヒビのはいっていないものがよい。

最後に、これも軟チーズには当てはまらないが、切ってみて切断面に規則正しい組織が見え、湿気がなく、遊離した脂肪のないものである。

異国の醱酵食品にはなかなか慣れにくいもので、外国人が日本のタクアンの匂いに閉口するのと同じように、いかに八紘一宇の精神の持主である日本人でも、これらのチーズとはまだまだ握手ができていないようだ。しかし、いったんなじみになったが最後、こたえられなくなるのも醱酵食品の特質だし、「チーズこそ地球上の食品のうちで最もうまいものだ」と断言してはばからぬ人も私の知人に二、三人いる。特殊な食料品店に行けば、次のような輸入チーズを売っているから、味の探検精神に燃えている人は、大いに試みてみられることだ。

また、チーズはたんにビールのさかなや、カナッペの上にのせるような「オカズ」だけではなく、西洋料理には欠くことのできない調味料でもある。西洋料理を西洋料理らしくつくるコツのひとつとして、チーズをうまく使いこなすことも、忘れてはならない。

ブルー・チーズ

前記のロックフォールはこれの元祖だ。羊乳からとった軟かいチーズで、青カビの筋が網の目のようにはいっているし、羊特有の匂いがツーンとくるから、ちょっと手が出せないかもしれない。そんな人は、牛乳からつくったアメリカ製やデンマーク製のブルー・チーズからはいればよい。イギリスのスチルトン、イタリアのゴルゴンゾラなどもこの種類のチーズだ。

リンブルガー
ベルギーのチーズである。全乳からつくった、クセの強い軟チーズで、外皮だけに特殊な芳香をもっているところが変っている。

カマンベール
フランスのノルマンディー地方の名物だ。クリームのように軟かいので、木の折に入れて売っているが、外側は固くなっている。これも、白カビが生えていて、風味が強烈である。

スイス・チーズ
脱脂乳からつくったチーズで、チェダー・チーズほどおとなしくはないが、わりにとっつきやすいクセと匂いをもっている。ところどころに空洞があいているが、これはわるいのではない。

エダム・チーズ
オランダ産で、いわゆる「赤玉」と呼ぶ球形のチーズだ。クセは少ない。

パルメザン

イタリア産の、ごく固いチーズ。おろして粉にして、料理に味つけをしたり、マカロニ料理などにふりかけて食べる。

なお、以上は古典的な製法によってつくられたチーズについて述べたのだが、近頃はいわゆるプロセス製品が多くなった。国産品はほとんどこれだ。プロセス製品というのは、いったん出来たチーズをつき潰して、再び固め直したもので、大量生産にも、販売にも便利だが、ブルー・チーズ類のような民芸品の味は味わえない。

クリーム

これは乾物ではないけれども、乳製品が出たついでに附け加えておく。牛乳の中の脂肪分を取り出したもので、西洋料理および洋菓子づくりになくてはならないものである。

これの見分けかたは、瓶をすかしてみて、色が濃くなっているものは日数がたったもので、泡立てるとき水分と分離しやすく、匂いもよくない。また、よく冷やしたものを十五分ぐらい攪拌しても泡の立たないのは、濃度の薄いものか、水を加えたものか、塩分を含んだものか、あるいは他の脂肪を加工したものと考えてよい。

肉の乾物

厳密にいえば「乾物」の範疇《はんちゅう》にはいらぬものもあるが、便宜上、ハム、ベーコン、ソーセージの類について、常識として心得ておくべきことを述べておこう。

魚の干物にも、最初からそのつもりで鮮度の高い魚を使ったものと、売れ残って鮮度が落ちたものを仕方なしに干物にしたものと二通りあることは前にも述べたが、肉の加工品にも、ちょうどそれと同じような事情がある。だから、加工品を求めるときには、信用あるメーカーのものを選ぶことが何より肝腎ということになる。大きなメーカーは、最初から加工する目的のために、保存性のある、鮮度の高い、衛生的な原料を使うからである。そして、いい設備によって、念入りの加工を行なうからである。

およそ食物というものは、味つけその他の加工はどのようにでもできるが、落ちた鮮度を元へ返すということだけは、いまの科学ではどうしてもできない。だから、保存食といっても、いや保存食であればなおさら、鮮度の高いものを使うというのが、新しい時代の考えでなければならない。

生肉については、日本は世界の水準にある。牛肉にかぎっては、それを抜いてさえいる。しかし、加工品となると、まだ四五十年の歴史しかないので、ようやく小学校に入学した程度といえようか。とにかく、イギリスではベーコンにするために、仔豚のときから板を背負わせて胴を延ばし、フランスではジャンボン（腿の皮つきハム）をつくるため、これも仔豚のときから腿に肉がつくように育てあげるのである。

日本では戦前までは、ハム、ソーセージの類は「御馳走」であったが、戦後は「お惣菜」に変りつつある。だからといって、お粗末な安物づくりの風潮が一般的となるようだったら、まことに残念だ。需要が一般化すればするほど、ほんとうの味をつくり出さねばならない。これはもっぱらメーカーの良心と努力にまたねばならぬことではあるが、消費者のほうでも、機会があれば本場の味を味わってみて、業者の尻を引っ叩かねばならない。その手引として、ひとつヨーロッパの本場をひとまわりしてみよう。

イギリスは、なんといってもベーコンの国だ。その国民性から、煮っ放し、焼きっ放しで食べるものが発達し、ハムもいいけれど、本命を挙げればやはりベーコンだろう。普通のバラ肉のベーコン、ロースを使って、もっと乾燥とスモークをきかせたキャナディアン・ベーコンなど。日本の家庭も、近頃ベーコンをだんだん使うようになってきたが、まだまだなじみが薄いようだ。これを炒めてにじみ出る油は、卵にも、野菜にも、米飯にも、とてもよく合い、調味料をも兼ねる便利なものだから、そんな点からも、もっと使っていいものだと思う。

なお、イギリスでは、パイ類も発達している。チキン・パイ、レバー・パイ、ミート・

パイなど。

フランスに行くと、断然ジャンボンだ。豊かな、そして繊細な味をもっている。その他、ヨーク・ハム、フレンチ・ハム、スモークド・ハムのようなハム類が発達している。また、モルタ・デ・ラ・フロマージュも名物だ。

フランスの主婦たちは、ハムとか、フロマージュやラングのような冷肉を、いろいろすこしずつ買って帰って、食事にバラエティを持たせることが上手だ。日本の奥さんたちは、どうも見栄を張るクセがあって、ものを少量買うことができない人が多い。一種類のものをドサッと買い込むために、食卓が単調になりやすい。すこしずつ買うことは、けっして恥ではないのである。特に、肉の加工品の場合は、外国でもすこしずつ買うのが普通なのだから、そんなところも真似ることをおすすめしたい。

なお、こういったものは、薄く切ってあるので、時間がたてばたつほど味が落ちるから、なるべく早く食べることだ。また、フロマージュの類は室温の中にさらしておくと、ゼラチンが溶けて、味も形もわるくなるから、かならず冷蔵庫に入れておくことである。

ドイツはソーセージの国だ。ウィンナ・ソーセージ、フランクフルト・ソーセージ、ベルリン・ソーセージ、ブラッド・ソーセージなど、さすが資源の少ない国だけあって、舌からはらわたまで完全利用がゆきとどいている。また、これほどビールによく合う肴も少ないだろう。白ソーセージを熱くしたやつに溶き辛子をうんとつけて頬張りながら、ジョッキを傾ける気分はなんともいえない。

イタリヤはドライなソーセージの国だ。サラミ・ソーセージ、それの軟かいの、ペパローニなど。これらは、日本のからすみの類にあたる、いわゆるオツなもので、日本人の嗜好にも合うはずだ。それかあらぬか、わが国のメーカーもこの種類のソーセージにそろそろ力を入れるようになってきた。早くりっぱなものをつくり出してもらいたい。

さて、こういう「肉の乾物」の取扱いと使い方について、日本の家庭ではまだよく慣れていないようだ。

まず、保存法だが、保存用に加工してあると思って油断してはいけない。家の北側の風通しのよいところに吊しておくこと。夏場なら、こうしておいても、ソーセージ類は三日、ハム類で一週間か二週間がせいぜいだ。その場合、ゴミや蠅などがつかないように、軽く包んでおくとよい。また、表面にカビやネトが出たら酢で拭けばいいのだが、こうなったら早く食べてしまうにしくはない。むろん、冷蔵庫に入れておけば、もっと保つけれど、家庭用の氷冷蔵庫はあんまり信用できない。

それから、こういったものは、なんといっても「乾物」なんだから、あまり手を加えないで食べるのが定石だ。ベーコンを除けば、せいぜいハムを丸ごとベークド・ハムにする(天火で焼く)とか、ソーセージを熱湯にちょっと漬けて熱くするとか、フライパンで焼くぐらいのところである。特に、サラミ・ソーセージのようなドライな製品は、けっして煮たり焼いたりしてはいけない。そのまま薄く切って、何もかけないで食べること。からすみを煮たり、焼いたり、醬油をかけて食ったりしないのと同じことである。

とにかく、いつもいうことだが、家庭料理の秘訣の一つは、うまい加工品を買ってきてそのまま食べるか、ちょっと手を加えて食卓に出すかすることであって、時間も、労力も経済的なのだ。だから、肉類でも、こういう加工品をよく研究して、上手に使いこなすことをおすすめしたい。くどいようだが、料理というものは、何も煮たり、焼いたり、手をかけることだけではないのである。

参考のために、現在日本で作られている肉の加工品の種類と、保存限度と、利用法を箇条書きにすると――

生まに近い加工品

フレッシュ・ソーセージ。生まであるだけにすぐ食べること。冬でも、三日ぐらいしか保たない。焼いて食べる。

ボイルド

茹でてあるもの。レバー・ペースト、ブラッド・タン・ソーセージ、フロマージュ、ヘッドチーズ、ベルリン・ソーセージ等。保存限度は夏で二日ぐらい、冬で五日ぐらい。そのまま食べるか、サンドイッチやカナッペなどに使う。

ボイルド・アンド・スモークド

茹でて燻製にしたもの。フランクフルト・ソーセージ、ウィンナ・ソーセージ、ボロナ・ソーセージ、ロース・ハム、ヨーク・ハム、プレス・ハムなど。

保存限度は、ソーセージ類は夏場で三日、冬場で七日（ただし、天然腸を使ったものは夏場で二日、冬場で五日）、ロース・ハム、ボンレス・ハムは夏場で二週間、冬なら三週間。プレス・ハムは夏場で一週間、冬なら二週間。

使用方法は、説明の要はあるまい。

ドライ・アンド・スモークド

乾燥と燻煙両方の加工をしたもの。サラミ・ソーセージの類。保存は半年か一年。切ってそのままオードーブルやサンドイッチなどにする。煮たり焼いたりしないこと。

スモークド

塩漬けして燻煙をしたもの。ベーコンの類。保存は夏場で一カ月、冬場で三カ月ぐらい。炒め焼きがいちばんうまい。

右のそれぞれの製品について簡単に説明すると——

フレッシュ・ソーセージ

正しくはフレッシュ・ポークソーセージで、きわめて鮮度の高い豚の肩肉およびバラ肉を原料とし、細かく切って練り、豚の腸か人造ケーシングに詰めたもの。高度の栄養があり、経済的で、調理にも便利である。家庭では、フライパンで玉ねぎなどといっしょに焼いてお惣菜にする。

レバー・ペースト

新鮮なレバーと豚肉を混ぜ合わせたものを使って牛の腸または人造ケーシングに詰め、スモークし、ボイルしたもの。一種独特の香味があって、味も栄養も優れたものである。

ブラック・タン・ソーセージ

牛または豚の清潔な血液と舌の細截したものを混ぜ合わせて味をつけ、腸詰めにしてボイルしたもの。色が黒いのでブラック・タンというが、ほんとうはブラッド（Blood）・アンド・タンが正しい。これも独特の風味があり、洋菜、果物などをあしらって、オードーブル、サンドイッチ、カナッペにする。ウィスキーやビールのさかなにも最適。

フロマージュ

豚の皮や肩肉を塩漬けしてボイルし、それを細截したのち、牛の盲腸に詰め、さらにボイルしたものである。見た目もよく、味も上乗で、オードーブルによい。

ヘッド・チーズ

清潔に処理した豚の頭肉、心臓、胃などを長時間水洗いしたのち塩漬けにし、それを煮込み、挽肉として好みの形に整型したうえで、さらに、水煮して固めたものである。スモークくさくなく、複雑で濃厚な味わいをもつ点では、天下の逸品といっていいだろう。野菜や果物と共に、オードーブル、サンドイッチ、カナッペによく、酒のさかなにも好適。

ベルリン・ソーセージ

極上の豚肉と牛肉に適量のピックルスその他の香辛料を配したドイツらしい味覚のソーセージである。高級なオードーブル、カナッペ、サンドイッチ等に使う。

フランクフルト・ソーセージ

新鮮な牛豚肉を適量に混ぜ合わせて細截し、これを挽いて味つけしたものを、豚の腸または人造ケーシングに詰め、スモークとボイルしたもので、串焼き、カレー・ライス、オムレツ、ホット・ドッグに用いる。おでんの種に使ってもオツなものである。

ウィンナ・ソーセージ

新鮮な牛豚肉を原料とし、羊の腸に詰めてスモークとボイルしたもの。そのまま、または熱湯で温め、辛子をつけて食べると、快い歯切れの音と触感が楽しく、キリなく食べられる。ホット・ドッグにも用いる。

ボロナ・ソーセージ

鮮度の高い牛肉を主原料とし、塩漬け、肉練りして、いろいろなケーシングに詰め、スモーク、ボイルしたもので、風味に富み、また経済的なソーセージである。串焼き、カレー・ライス、オードーブル、サンドイッチ、オムレツ、コロッケ、野菜の味つけなど広範囲の用途がある。日本風のおでん、炊き込みご飯などにもよい。

ロース・ハム

精選した良質の豚のロースを骨抜きして塩漬けにしたのち、形を整えてスモーク、ボイルしたもの。ロール型で、見た目も美しく、味も最高で、そのまま食べられるのが身上である。

ボンレス・ハム

精製吟味した豚の腿肉を整型し、長時間塩漬けしたうえ、スモーク、ボイルしたもので、長く保存できるのと、味の素晴らしさで、賞用されている。サンドイッチ、ハム・サラダ、ハム・エッグス、ハム・ステーキ、ハム・ライス、オムレツ等、用途が広く、重宝な材料である。

ヨーク・ハム

ニューヨーク・ハムの別名で、良質の豚の腿を塩漬けし、整型プレスして、スモーク、ボイルしたもの。ボンレス・ハムと同様、味もよく、経済的で、用途が広い。

プレス・ハム

精選した牛豚肉を適当に配合して塩漬けし、いろいろな形のケーシングに詰めて整型し、スモーク、ボイルしたもの。価格が安いので、家庭向きである。

サラミ・ソーセージ

きわめて良質の牛肉を細截し、牛腸に詰め、厳寒期に長時間乾燥し、さらに、スモークしたもの。製造時日を経過するにしたがって、豊かな滋味が加わってくる。いわゆるオッなもののひとつで、オードーブルによく、ビールや洋酒のさかなに最高である。

ベーコン

精選した若いモチ豚肉のバラ肉を塩漬けし、長時間スモークしたもので、保存も長期に堪えるし、味もよい（自身から滲み出した汁で野菜類など他の材料の味をもよくするので、調法なものである）。

獣肉類

順序が逆になったかもしれないが、生肉のことに入ることにしよう。

普通肉屋で売っている獣肉は、だいたい次の五通りである。

牛肉（仏、ブーフ、英、ビーフ＝親牛の生肉）

犢《こうし》（仏、ヴォー、英、ヴィール＝生後一年以内の子牛の生肉）

豚肉（仏、ポル、英、ポーク＝豚の生肉）

羊（仏、ムートン、英、マットン＝親羊の生肉）

子羊（仏、アニョー、英、ラム＝生後一ヵ年以内の子羊の生肉）

そのほか、特別な店では、馬肉、兎肉を売っていることもある。

このうち、日本の家庭でよく使うのは牛肉と豚肉だが、近頃はジンギスカン焼などで羊肉もだんだん親しまれるようになってきた。

肉の買いかたのコツ——これは、野菜や魚などと違って、詳しく述べる必要がある。なぜならば、日本では肉を日常茶飯《さはん》に食べるようになってから日がまだ浅いので、家庭の人のこれに対する知識または考えかたが、失礼ながらたいへん幼稚だからである。

たいていの家庭では、牛肉といえばすき焼き、豚肉といえばトンカツ——という意識がある。どちらも、最上級の肉でないとうまく食えないものなのだ。また、牛肉とじゃがいもの煮つけや豚汁などというお惣菜を作るのにも、すき焼き用かそれに準ずるような肉を買おうとする。これでは、肉を安く食べられるはずはない。

牛を魚と同じように考えてはいけない。あんなに大きな図体《ずうたい》をしているのだから、部分によって性質の違いが大きい。その違いをよく知り、上手に使いこなすことだ。すなわち、もっと肩肉、胸肉、首肉、極端にいえば脛肉《すねにく》のようなところをどんどん買って、うまく使うようにならなければいけない。脛肉などだったら枝肉《えだにく》（肉屋が仕入れるときの、肢体のままの肉）の一割増しかせいぜい二割増しぐらいの値段で買えるはずである。

栄養学者にいわせると、牛のどの部分の肉でも、栄養価にほとんど上下はないそうだ。（むろん、赤い肉と脂とではたいへんな違いだが、その意味ではなく——）。それで最下等の脛肉でも〈硬いものはトロ火で長く煮る〉という料理の根本法則を適用しさえすれば、けっこう食べられる。まして、スープをとるなら、脛肉でけっこうだ。あるいは、これを買って、挽肉に挽いてくれといえばいい。

とにかく、肉はどの部分でも「上肉」だということを知るべきだ。すき焼きにするなら肉ロースが上肉だろうが、シチューにするなら「バラ」肉が上肉だ。ヒレがいくらいばってもシチューになりはしない。

それで、まず第一に、牛の各部の肉の性質と、その使いみちと、値段とをよく研究して、賢い買いかたをされることをおすすめする。そのために、あとに図入りで詳細に説明することにする。(一二七頁参照)。

第二に、肉を買うとき、肉屋に対して無用な遠慮をしないことである。日本の奥さん方の買いっぷりを見ていると、たとえば脂身の全然つかない赤身だけが欲しい場合、肉屋がスジや脂身をくっつけたままハカリにかけるのを、そのまま無抵抗に買ってゆく。みすみす損をしているのだ。

西洋の主婦は、そんなことを黙って見逃しはしない。そのスジをとれ、その脂身をとれ——と肉屋に命じて、どんどん取り除かせる。そして、正味自分の買いたいところだけを買ってゆく。

中国人のやりかたは、もっとおもしろい。骨をとれの、スジをとれの、脂身とれのとはいわない。ひっくるめて安く買って帰る。そして、それをグッグッ煮て、たとえば朝はスープと野菜、昼は肉を食い、夜は骨をしゃぶっておかずにする。

前者は、西洋的な合理主義、後者は東洋的な合理主義、前者は清濁、要不要を割り切り、後者は清濁も、要不要も併せ呑んでしまう。こういうところにも、民族性がハッキリ現われていて、実に興味深いものがある。

ところが、日本の奥さん方はそのどっちだろうか？　どうやら、どっちでもなさそうである。つまり、不合理な買いかた、不合理な使いかたをしているのである。ほんとうに、もうすこし利口になってもらいたいものである。

第三に、肉を買うのに、ミエを捨てることである。いるものを、いるだけ買うことに徹することである。前の奥さんが上肉を買っていったので、「並肉を――」といいかねて、無理に上肉を買ったり、一〇〇グラムしかいらないのに、それだけ買うのが恥かしくて、二〇〇グラムや四〇〇グラム買うという傾向が多分にある。こういうミエとムダを捨てないかぎり、貧乏はいつまでもつきまとうものと考えていい。家の貧乏も、国の貧乏も、両方ともだ。

資源の乏しい国に生まれて、鷹揚ぶるなんて、まったくおかしなことではないか。ドイツの主婦みたいに、自分たちのおかれている位置をよく認識し、頭を働かせて、ものを完全に利用するという精神、それがあってこそ自力であれほど目覚ましい復興ができたのだ。アメリカ流の消費経済の真似をするようだったら、日本はいつまでも自力で立ってゆける国にはなりきれないだろう。

すべては、家庭からだ。家庭の教育といっても、こういう点における母親の合理精神、そしてそれを実行にうつす勇気（すなわち実行力）が、自然と子どもたちを感化するのだ。たんに食べもののこと、家庭経済だけのことと考えていては、たいへんな間違いなのだ。

第四に、肉の良否に関する知識である。これは割合に簡単なことである。赤黒くて、臭気のあるのは腐敗の一歩手前にあると思っていい。色沢は、肉の種類や部分によってちがいはあるけれど、しなやかで、きめが細かく、つやがあって、適度の湿りのあるのが良品である。

都会の肉屋では、まずまず悪変した肉を売りつけられる心配はないだろうが、田舎の肉屋では往々にしてそんなことがあり、また密殺のものなどを素人が売買することもあるから、次の事柄に注意しなければならない。

1、暗い色合いの筋がいりまじっていて、プーンと不快な臭いのするのは腐敗の始まっている証拠である。

2、指でグッと圧してから放してみて、すぐにもとへもどらない、すなわち弾力がなくなっているものも、腐敗の徴候である。その場合、肉から液がにじみ出るようだと、いよいよいけない。腐敗しているかどうかをハッキリ知ろうと思えば、青色リトマス試験紙をくっつけてみるとよい。赤く変るのはよくないのである。

3、色が変に汚くて（血が肉に溢流したため）、バカに軟かく、海綿のようにフワフワし、そしてネバネバしたものの感じられる肉は、病獣を処理したものと判断していい。

4、肉の中に粟粒から豆粒ぐらいの黄色っぽいまたは青っぽい灰色の円い泡があるものは、サナダムシの幼虫がいる証拠である。ただし、牛肉にいるサナダムシは寒さに弱いので、華氏十五度以下で十日間保存すれば死んでしまう。わが国でも、そうしてから売るように法律で定められているから、信用ある肉屋で買うものは安全である。しかし、密殺牛の場合は気をつけなければいけない。

ついでだが、豚肉の中のサナダムシは寒さに対する抵抗力が強い。だから、豚肉はかならず充分に熱を加えて調理することである。それさえやれば、安心である。

以上は、大事をとっての注意であって、都会においては、よく売れる肉屋で買えば、けっして心配はいらない。いつ行ってもお客がたてこんでいて、順番を待たねばならないというような肉屋で買うのが、いちばん利口なのだ。

というのは、以上のような衛生面からだけではなく、そういう肉屋は、ちょうど食べごろのおいしい肉を売るからだ。肉というものは、解体してすぐは硬くて、まずくて、食べられるものではない。いわゆる死後硬直が解けて、蛋白質がゆるんできて自家分解を始めると、そこに肉の「旨さ」のもとであるグルタミン酸や琥珀酸《こはくさん》などが出来てくるのである。牛肉の場合は（季節やら冷乾設備やらで違いはあるが）だいたい十日から十二、三日経った頃がいい。豚肉は牛肉より早く、二、三日から四、五日目がいい。兎とか、鶏のような身体の小さいものは、もっと早くなる。

ところで、よく売れる肉屋は、その日に売る品物を、ちょうどそれがいちばんうまい状態にタイミングを合わせて売ることができるのである。売れない肉屋では、そのタイミングに狂いができやすい。だから、「どこの肉屋で買ってもおんなじだ」などと、単純に考えてはいけないのである。

牛　肉

では、牛肉の部分の性質と、使いみちと、値段の相違を説明することにする。部分の分けかたや名称には、幾通りもあるが、ここには、現在の日本の肉屋が用いている（外国の呼びかたも、日本の肉屋に通用する）ものを紹介することにした。ひらがなが日本の肉屋の呼びかたである。（次の図を参照していただきたい）。

1　頸肉《くびにく》　ネック
2　しゃくし
3　肩ろーす　チャック
4　上ろーす
5　内ろーす（ひれ）フィレ
6　下ろーす　サー・ロイン
7　らん　ランプ
8　中肉

9　いちぼ　ステイキ・ランプ
10　胸肉（ぶりすけ）ブリスケット
11　肩肉
12　ばら肉　プレート
13　ささ肉
14　ばら肉　フランク
15　内腿《うちもも》　ラウンド
16　しんたま　ラウンド
17　中肉　ラウンド
18　脛《すね》　シャンク（後肢はヒール）
19　舌　タン
20　尾　テイル

牛肉の各部分

次に、各部分の特徴と、値段の割合いと適した料理を述べる。名前の下のカッコの数字は、最も高いヒレの値段を一〇〇とした場合

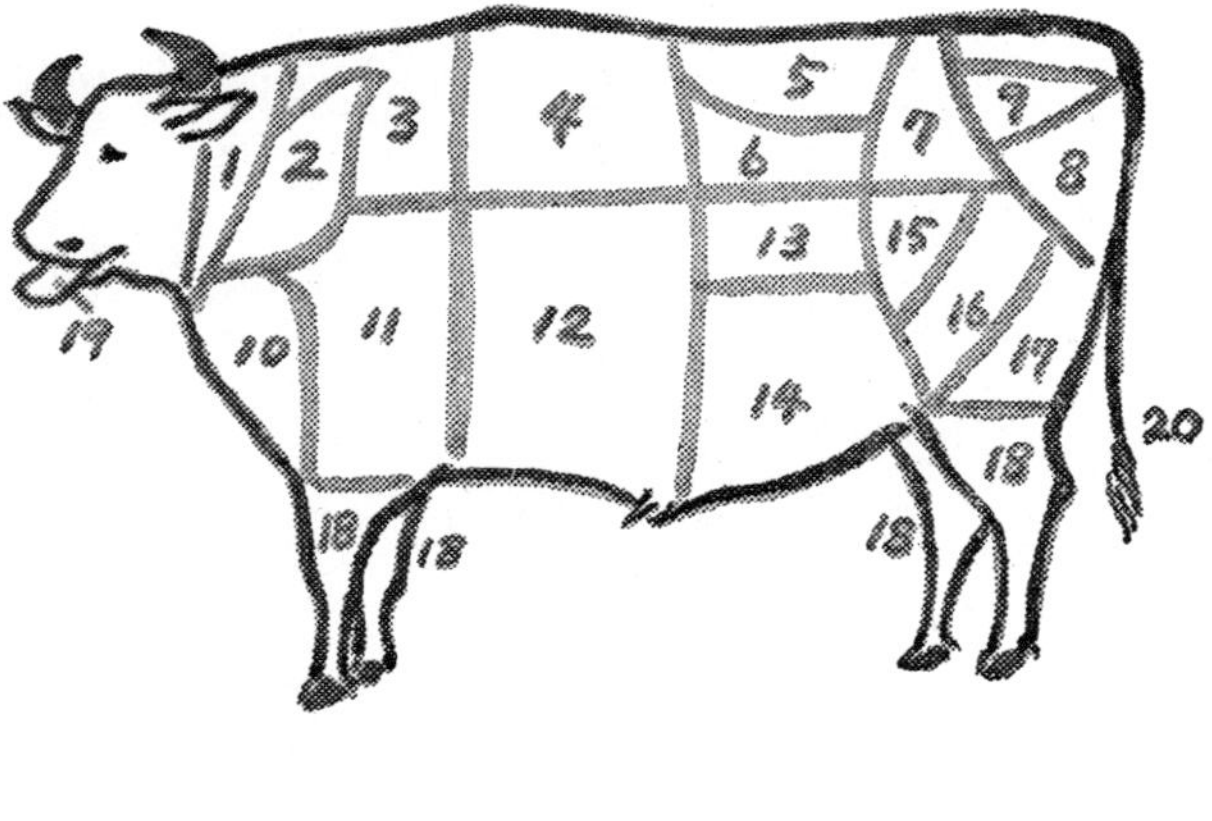

のその部分の値段の指数である。

なお、使いみちは日本語で書くが、フランス語や英語のほうが解りやすいものもあるから、一応説明しておく。

茹で煮（仏、ブレイ）（英、ボイル）塊りのまま長時間茹でる。

蒸し煮（仏、ブレゼー）（英、ブレイズ）塊りのまま、ソースや酒を加えて長時間煮込む。軟かすぎる肉はバサバサになる。

炒め蒸し焼き（仏、ポエレー）（英、ブロイル）色のつく程度に炒めた上で、オーヴンで焼き、酒とブイヨンを加えて、汁をかけながら短かい時間に蒸し焼きにする。ブレゼーほど煮込まず、ローチほど乾かさないで、肉の中も外も同じようにシットリしたあがりになる。

揚げもの料理（仏、フリ）（英、フライ）西洋料理には、肉の場合フライはあまりない。たいていソーテにする。ただし、モツや挽肉の料理にはこの方法をとることもある。

煮込み料理（仏、ラグー）（英、スチュウ）主として、角切りにしたものを、野菜といっしょに弱火で煮込む。

網焼き（仏、グリエ）（英、グリル）グリエ用の網で、マリネしておいた肉を直火で焼き、網目をつける。（マリネとはマリナドなどで漬けるという意、二五七頁参照）。

炒め焼き（仏、ソーテ）（英、ソテー）ビーフ・ステークが代表的。

蒸し焼き（仏、ローチ）（英、ロースト）塊りのままオーヴンで蒸し焼きにする。ロースト・ビーフが代表的。
冷製（仏、フロア）（英、コールド）
それでは、牛肉の各部分の説明に入る。
ヒレ（一〇〇）
内ロースともいって、いちばん軟かく、最上肉とされている。炒め蒸し焼き、網焼き、炒め焼きに適する。すき焼き用としても最上。
上ロース（九三）
下ロース（七〇）
ヒレよりはやや硬いけれども、適度の脂肪をもっていて、味はかえってこちらがいい。下ロースは、英国では貴族の称号の Sir をつけてサーロインと呼ぶほど、尊重されている。茹で煮、網焼き、炒め焼き、蒸し焼きに向く。もちろんすき焼き用にも上等。そのうちでもローストビーフに最適である。
肩ロース（六五）
ヒレや上・中ロースの次に軟かく、味もいい。専門家は煮込み用に使うが、家庭ではヒレや上・下ロースと同じ目的に使っていい。
ラン（七〇）

上部に薄く脂があって、非常に軟かい。やや黒っぽい赤い肉で、生までも味がいいので タルタル・ステーキ（生まのラン肉を細かくソギ取り、みじん切りの玉ねぎと卵の黄身とを混ぜ、塩胡椒して練り、土堤のようにこしらえてたべる）は、ここがいちばんうまい。その他、煮込み、網焼き、炒め焼き、蒸し焼きにも適している。すき焼きにもよい。

イチボ（六五）

切口に特殊な繊維が見える肉で、ランについで味がよい。茹で煮、蒸し煮、炒め焼き、網焼き、蒸し焼きに向く。すき焼きにもよい。

シンタマ（六五）

脂の少ない赤身の大きな塊りのところで、使いみちはだいたいイチボに同じ。

ささみ（五六）

硬いけれど、味がよく、煮込みにはなくてはならぬ部分。

バラ肉（四六）

赤身と脂が重ねたようにまじりあっているので、三枚肉とも呼ばれる。茹で煮、蒸し煮、煮込みに向く。家庭でのすき焼きにも使われている。

内腿（七〇）

脂の少ない赤身のところで、家庭用のステーキやロースト、すき焼にいい。

中肉（六五）

内腿よりやや硬いが、味は同程度である。使いみちも同じ。

しゃくし（六〇）

俗に「みすじ」とか「とうがらし」と呼ぶヒレに似た肉をも含んでいる部分で、味はよい。家庭用のステーキ、スープ、煮込みなど。

肩肉（六〇）

硬いけれども、味はよい。スープ、煮込み、挽肉料理に——。

胸肉（五八）

ブリスケット、俗にブリスケと呼ばれる部分。硬いが味はよい。使いみちは肩肉と同様。

頸肉（一九）

硬くて、味もよくない。煮込み、スープ用。

脛（四四）

硬い肉だが、長時間煮込むとうまい。スープ取りにもよい。

内臓

モツは、むしろ肉より栄養に富み、部分によっては肉よりうまいものがある。そして、値段も安いから、これの料理をもっと研究し、もっとドシドシ利用することをおすすめしたい。次に、各部分について、いちばん適した調理法を述べると——

舌（仏、ラング　英、タン）

スチューにすれば、しゃれではないが舌鼓ものだ。フロア（茹でて冷やし、薄く切って、チリソースやホース・ラディッシュ入りのホワイト・ソースで食べる）もよく、サラダにつけ合わせてもよい。スープにも、塩漬けにもする。

尾（仏、クエー　英、オックス・テール）

スープ、スチューにすれば極上の美味。詰め物にも用いる。

肝臓（仏、フォア　英、レバー）

炒め焼き、網焼き蒸し煮が最適。茹でてペーストにしていろいろに用いるのもよい。成牛のより子うしのほう（フォア・ド・ヴォー）が軟かくてうまい。

腎臓（仏、ロニョン　英、キドニー）

独特の匂いがあるが、コリコリした歯あたりがいい。炒め焼きが一番うまく、蒸し煮もよい。

心臓（仏、クール　英、ハーツ）

炒め焼き、煮込みにする。

以下は普通の料理には、あまり使わぬが、もし手に入るようだったら、次のように調理するとよい。

脾　臓

網焼き、炒め焼き、蒸し焼き、煮込みなど。
膵臓
内容物を出して、網焼き、炒め焼き、蒸し焼き、煮込みなど。
リンパ腺、甲状腺、脳下垂体
炒め焼き、蒸し焼き、網焼き、煮込み。
胃袋
内容物を出して、茹でて煮込む。
腸
内容物を出して、茹でて煮込む。硬いけれど網焼き、炒め焼きもよい。

豚肉

豚は、全体として牛より軟かく、部分による肉質の格差が少ないので、牛ほど細かく分けない。（下の図参照）。

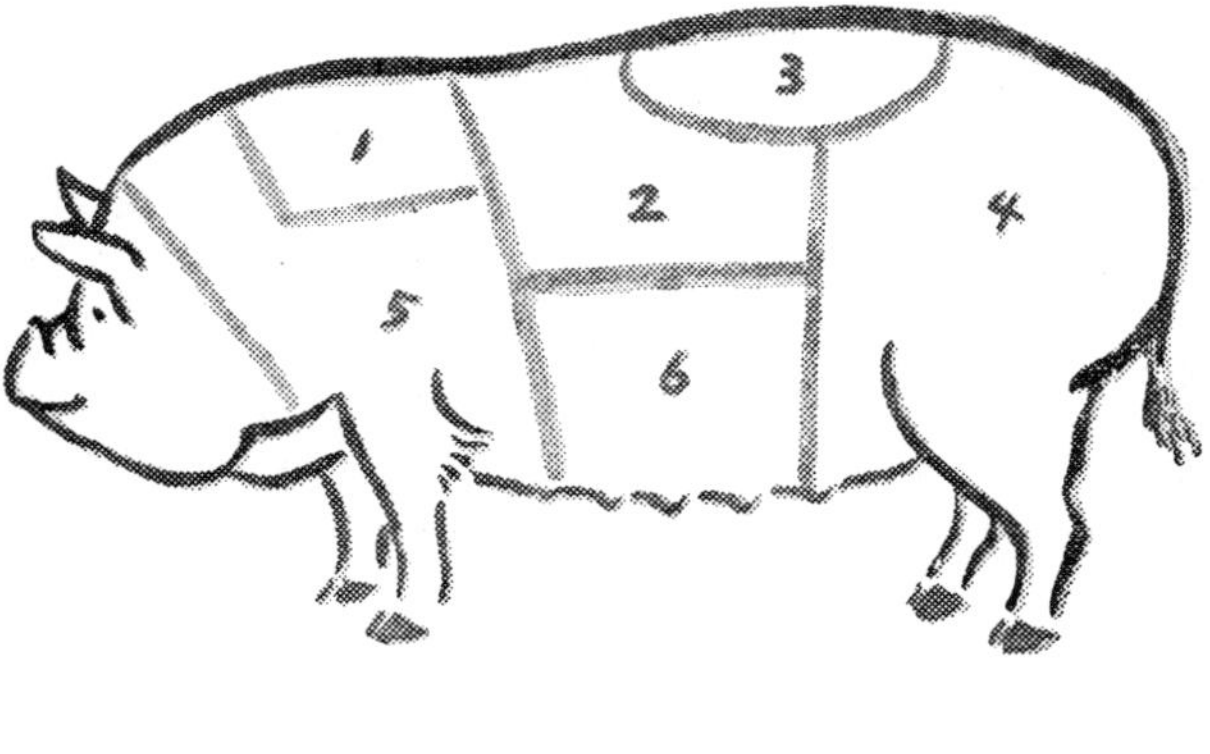

1、肩ろーす
2、背ろーす
3、ひれ（フィレ）
4、腿肉（ラウンド）
5、肩肉（ショルダー）
6、ばら肉（ベーコン、あるいはプレート）

豚肉の各部分

ヒレ（一〇〇）
いちばんよく使われる最上等の肉で、炒め蒸し焼、炒め焼、蒸し焼き、トンカツなどに使われる。ポーク・チャップなど代表的な料理である。加工品としてはロールハム、ロースハムにつくられる。カッコの中の数字は、ヒレを一〇〇とした値段の指数である。
背ロース（八三）
肩ロース（七七）
上部が脂肪でおおわれているから、すぐ見分がつく。使いみちはヒレに同じ。
腿　肉（八三）
牛の腿肉とちがって、軟かである。そのうえ脂が少ないので上肉とされている。茹で煮、われる。加工品は、ボンレス・ハム、骨付きハムなど。

蒸し煮、煮込み、蒸し焼き、トンカツ、すき焼、水たき、空揚げなどたいていの料理に使

頭　肉

相場があってないようなもの。すなわち、頬肉、鼻、のどの軟骨、眼底、耳などが特殊な料理に使われるからである。街の「やきとり」の材料にもなるし、中国料理にも用いられる。加工品としても、ヘッドチーズなど特殊高級品がつくられる。

ばら肉（六三）

脂身と赤身の重なりあった、いわゆる三枚肉で、煮込み、焼き豚、トンカツ、豚汁など、用途は広い。加工品としては、いうまでもなくベーコンがここの肉である。

肩　肉（六三）

ロースやもも肉よりやや硬く感ずるが、味はかえってうまい。煮込み、トンカツ、空揚げ、焼き豚、スブタ、すき焼き、水たきなど広範囲に使われる。加工品としては、プレスハムやソーセージ類。

内臓については、だいたい牛の項を参考にしていただきたい。牛よりも、豚の内臓のほうが利用度が高く、耳や鼻の先から尻っ尾までほとんど捨てるところがないし、また軟か

くてクセも少ないので、いわゆる「やきとり屋」へ大量に流れるから、牛のモツよりも手に入りにくいようである。

羊および子羊

羊の肉は軟かくて、独特の香気があり、一種デリケートな味わいを持っているので、欧米では上等な食べものとしているが、わが国ではまだあまり多く用いられていない。しかし、近頃ジンギスカン焼きが盛んになったので、そろそろ一般になじまれてきたようだ。短時間に高熱を加えると、羊肉特有の匂いが消えるので、あの匂いに慣れていない日本人にとっては、ジンギスカン焼きがいちばん親しみやすい食べかたなのだろう。

では羊および子羊の各部の名称と用途を下図によって示せば――

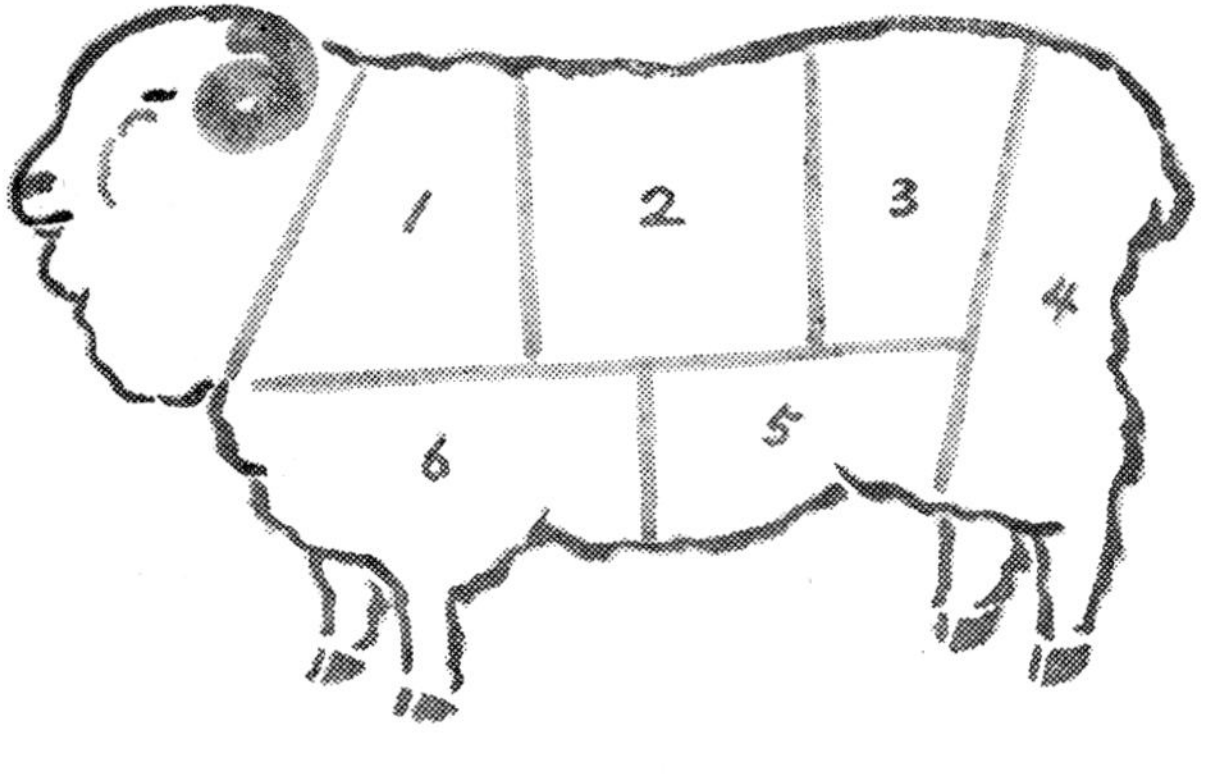

1、肩肉（仏、エポール　英、ショルダー）
蒸し煮、煮込み、炒め蒸し焼きなどに――

2、ろーす（仏、ノアゼット　英、ラック）
ジンギスカン焼きにはここが一等。その他蒸し煮、蒸し焼きなどに――

3、ろいん（仏、セル　英、ロイン）
ジンギスカン焼き、その他蒸し煮、蒸し焼きなどに――

4、腿肉（仏、ジゴ　英、レッグ）
主として蒸し焼きに向く部分だが、蒸し煮や、炒め蒸し焼きにもされる。

5、ばら肉（仏、ポアトリン　英、ブレスト）
蒸し煮や、炒め蒸し焼きに――

6、脛肉（仏、ピエ　英、シャンク）
煮込み、蒸し煮、フライなどに――

内臓は、舌、胸腺、脳髄、腎臓などが料理に用いられる。

馬肉

奈良朝の頃には、馬肉のことをシシといった。もっとも、シシというのは単に「肉」ということだったのだからその頃は馬肉がいちばんポピュラーな獣肉だったのではないかと想像される。あとで、シシは猪肉に限られるようになった。そして、馬肉はケトバシとかサクラとか呼ばれるようになったことはご存じのとおりである。

さて、この馬肉だが、栄養価からいえば牛肉や豚肉と大差はないのに、いや多量のグリコーゲンと良質の蛋白を含んでいることにおいて、また寄生虫がいないという点で牛豚肉より優っているのに、やや硬くて味が劣ることと、独特の臭味があるために、一般家庭からいつしか遠ざけられてしまった。しかし、犬に与える肉としては最上のものとして、愛犬家がわざわざこれを求めに遠い所まで出かけることにも、いかに栄養的に優れているかが立証されている。

だから、経済的に恵まれず、しかも子弟のために良質の動物性蛋白をたくさん与えようと心がけられる賢いお母さんがたや、グリコーゲンと動物性蛋白を特に必要とし、しかも脂肪分はなるべく避けたい運動選手の合宿の賄いなどは、見栄とか古い考えなどにとらわれることなく、安い馬肉を利用されるとよい。挽肉にして、コロッケとかハンバーグステーキとかに調理し、またはねぎ、にんにく、しょうがなどと味噌煮にすれば、匂いも消えて、ほとんど牛肉と変りなく食べられる。

牛肉と馬肉の見分けかたは——

第一に、馬肉は牛肉より黒みを帯びている。これはけっして悪い肉というのではなく、グリコーゲンは空気に触れると黒くなるためで、牛肉より多量のグリコーゲンをふくんでいる証拠である。

第二に、煮るとたくさんの泡が出る。これもグリコーゲンのせいである。犬の肉を煮た場合もそうだが、馬肉を食べると温まるといわれ、犬の肉もそういわれるのは、あるいはこれのせいかもしれない。

第三に、牛肉の脂肪は高温を加えないと溶けないが、馬肉は、わずか摂氏四十度でも溶けること。だから、なるべく脂肪を避けて良質の蛋白を摂りたい運動選手などにはうってつけなのである。

兎　肉

兎の肉も、安くて栄養価は鶏肉以上にあるため、鶏肉の代用として用いられる。これも、馬肉ほどではないが、グリコーゲンを含んでいて、また独特の臭みがある。臭みを消すには、ニンニクやねぎと煮ればいい。

だが、悪徳の業者がこれを鶏肉と混ぜて売ることがあるから、その見分け方を心得ていても損はない。肉の色は種類によってちがうが、だいたい鶏よりやや濃く暗赤色を帯び、脂肪が蜂蜜のような色をしているので、よく気をつけてみるとわかる。

ジビエ（野獣類）

牛豚肉が普及してから、ほとんど野獣肉は食卓に上らなくなった。わずかに、猪肉ぐらいが市販されているに過ぎない。ジビエ（仏語で「獲物」の意）のよさは、その野性的な匂いだけであって、その匂いも現代人にとっては臭みとして受け取られることが多い。しかも、肉の軟かさやうまさの点で家畜類に劣ることと、供給が極端に少ないこととで、結局ジビエはだんだんと一種の貴重品化の一路をたどるよりほかはない。

特に日本では、食べられる野獣の多くが禁猟になっているので、正規に手に入り、普通食品として用いられるのは、前記のように、ほとんど猪肉ばかりになってしまった。

猪肉は、黙って出すと豚肉と間違われることがあるので、針のような毛を残したまま調理し、膳に供するならわしがあるが、それほど豚に似ている。ただ、よく注意して食べると独特の匂いがあるし、豚よりやや硬くて、コリコリする感じがある。しかし、硬さの中に脆さがあるので、歯切れがよい。

生まの場合は、豚に比べてずっと肉の色が赤い。そして一種のツンとくるような匂いがある。獲ってから七日か八日は経たないと中毒するといわれるぐらい、精分の強いものがあるらしい。

すべてのジビエがそうだが、うまいのは雪が降ってからである。十二月から二月までがシュンである。すき焼きがいちばん普通だが、醬油を使わず、ダシと柚子味噌（みりんでやわらげたもの）で煮る。また味噌煮にして粉ざんしょうをかけて食べてもよい。豚汁のように、大根、にんじん、さといも、ねぎ、こんにゃくなどと味噌汁に仕立てるのもいい。これは、肉自身がこってりしたものだから、あれこれ手を加えたり、調味料をいろいろ使ったりするのは禁物である。

なお、その他のジビエが手に入ったら、だいたい、白い肉だったら充分火をとおし、黒い肉の場合は血がにじむ程度に生ま焼きにするのが、原則的なセオリーである。

鹿の場合は特に細心の注意がいる。脂肪と膠質《こうしつ》が少ないので、焼きすぎるとパサパサになってしまう。最初強火で外側をあぶるか炒めるかして褐色のリソラージュ（一種の壁）をつくり、それから弱火で調理するのである。なお、それを切るときは、庖丁を水につけて冷やしておくのである。そうでないと、味が落ちる。それほど微妙なものである。

鳥肉

にわとり

にわとり、あいがも（あひる）をはじめ、鳥肉は天が人間に与えた美味の一つだ。ちょうど獣肉と魚肉との中間ぐらいの濃厚さと歯ごたえがあり、牛や豚のしつっこさも魚のなまぐささもいやだという人にはもってこいの肉である。それが、日本人の嗜好にぴったりしているので、むかしからご馳走の筆頭にあげられてきた。

ご馳走で思い出したが、よく極端な菜食主義を唱える人があって、日本人が小柄でも戦争に強いのは（特に耐久力があるのは）、菜食が主だからだ——などの説をなすのをしばしば聞いたものだ。しかし、こういう論を鵜呑みにしては、とんでもないことになる。むかしから、日本でも、ご馳走といえば、鶏をつぶしたり、魚を買ったりしたもので、それは古い文献にもちゃんと残っている。

王朝時代の饗宴の献立を調べてみると、たいてい三分の二は動物性の食べものなのである。

後世、仏教の影響でだんだん動物性の食品を忌《い》むようになってきた。これが、日本人の体格を小さくしてしまった原因の一つではないかとも思われる。昭和十五、六年の頃だったか、徴兵検査で甲種合格した壮丁の数を点々のグラフで地図の上に表わしたものを見たことがある。それによると、海岸や、河や湖のまわりには点々が真っ黒になるほど密集していて、純農山村はたいてい疎らであった。これは、魚（即ち動物性蛋白質）をよく食う地方の若者は身体がガッシリ出来上がっていることを歴然と示していたのであった。

とにかく、むかしからご馳走といえばとりや魚貝類を用意したその事実が、日本人も動物性食品のうまさと栄養価を尊重していた証拠であるから、神がかり的な菜食論にまどわされることなく、幼少年から青壮年期にかけては、つとめて動物性蛋白質をとらせるようにしてもらいたいものだ。老年期にはいれば、おのずから菜食へ移ってゆくべきことは、いうまでもない。

さて、なぜ鳥肉がご馳走であるかといえば、蛋白質の量は獣肉と大差なく、しかも脂肪が繊維の間にはさまっていないで皮下に集まっているために味が淡白であるからだ。そのうえ、モツがほとんど全部食べられ、またそれがうまいからだ。（ただし、野鳥のモツは食べられない）。

野鳥をもひっくるめて、食用鳥の良否の見分けかたは――

1、目玉が生き生きして光沢のあるもの、また羽毛を引き抜いてみて脂肪が着いてこないのは、新しいものである。

2、下腹の毛羽を逆さに撫でて地肌を見ると、古いものは地肌が青みを帯びている。
3、くちばしや足を見て、カサカサに乾いた感じのものは古く、くちばしを開けてみて舌が黒くなり、また、いやな臭いのあるのは腐敗し始めた証拠である。
4、肛門を開けてみて、黒褐色で粘液を出しているのは、病鳥の死んだものであるから、絶対に避けることである。

市販の鶏を買う場合のコツは、何よりも使う目的によって、老若雄雌を選ぶことである。食用鶏は、次のように分類される。

若雛《わかびな》（プーザン・ヌーボー）

これは、かえってから三週間乃至四週間のごく若い雛で、まだ軟かすぎて、水っぽいので、水たきなどには向かない。空揚げとかグリエ（網焼き）などには、これが最適である。

雛《ひな》（プーザン）

二カ月から三カ月ぐらいのもの。これもまた空揚げかグリエ向き。

若鶏《わかとり》（プーレー）

四カ月から六カ月ぐらいまでのもの。この頃からようやく肉に味わいが出てくる。水たきには、六カ月ぐらいの雄がいちばんいい。雌はまだ脂がのっていないからだ。その他の鶏料理一般（和洋食とも）には、この四カ月から六カ月ぐらい、すなわち卵を生むまでの若鶏が最も適している。それも、理想をいえば、雌鶏を選ぶことだ。

老鶏《ろうけい》
商品としての価値はずっと落ちる。肉が硬くなっているから、スープとりに用いられるぐらいのものである。
プーレー・グレン
食肉用にするため、小麦、とうもろこし、青菜など栄養のある餌だけで育てたものである。宮中の饗宴などでも、次のプーラルドは近頃あまり使わず、たいていプーレー・グレンである。
肥育鶏《ひいくけい》（プーラルド）
暗室で、うまいものを食わせて肥らせたもの。または雄を去勢して肥らせたもので、たいていの料理に向く。肉は軟かく、脂肪も多い。
軍鶏《しゃも》
むかしの江戸前のトリ鍋では、若いシャモの雌が第一とされたものだ。いまでは、それほどやかましくいう人もなくなり、普通名古屋種やプリマスロックを使うが、別に文句は出ないようだ。しかし、今でも軍鶏は貴重な材料として、むしろ西洋料理（ローチやポエレー）によく用いられる。
むかしから、犬は赤犬、鶏は黄色いのがうまいといわれてきた。関西で鶏肉のことをカシワといっているが、漢字では「黄鶏」と書くのである。世界的に見ても、肉用種はアジア系統の黄褐色のが多いようだ。食べて味のいい鶏の双璧であるシャモ、地鶏《じどり》も黄褐色だ。現在では名古屋種が圧倒的だが、以前は名古屋コーチンと呼んでいた。明治維新で禄を失った武士たちが養鶏業に転じ、交趾支那《こうちしな》原産のコーチンを種にして改良に改良を重ねたもので、美味求真の徒はシャモや地鶏にひき比べてその味に不満を述べるけれど、黄褐色食用鶏の大衆版を作りだしたその技術と努力は実に大したものだ。

中京附近の人は、日本人には珍らしく動物の飼育や品種改良などの仕事が得意で、白文鳥も、オーストラリアの雀である文鳥を種にして、あのへんで作り出されたものだというし、なんとかインコもそうだと聞いているが、そういう愛玩動物はまあまあとしても、名古屋種の鶏を作り出した功績、また人工孵化や育雛の技術をここまで進歩させた努力には、日本じゅうの料理関係者が、そして家庭人も、大いに感謝しなければなるまい。旧士族が転向してやった仕事のうちで、ほんとうの意味で、いちばん成功したものであり、意義のあるものだったと断じていい。日本人は、どうもこういった仕事に不得手であり、また関心も浅いので、ことのついでに中京失業武士の業績をたたえ、一般の認識を新たにしたいと考えた次第である。

鶏の若いか年寄りであるかは、身体の大きさで大体見分けがつくが、もっとこまかくいうならば、足のうろこが滑かでつやつやしており、とさかの色が淡く、下くちばしの軟かなものは若い鶏である。

また、胸のまん中につき出している竜骨をさわってみるのも一法である。その先のほう（腹に近いほう）が軟かいのは若鶏の証拠である。若雛のときは、これがほとんど軟骨で、育つにしたがって上のほうから次第に硬くなってゆくから、軟骨の部分の長さによって若さの度合いを知ることができる。卵を生むようになると、全部硬くなってしまう。

なお、切った鶏肉の場合は、なるべく色の白いものがいい。桃色の濃いのは、つぶしたときすぐ血を出さないでほうっておいたもので、血が肉にまじっていて味が落ちる。

あいがも

あひるの通称である。選びかたは、鳥類一般および鶏の選びかたに準ずればよい。日本料理としては、照り焼きとか、治部煮《じぶに》ぐらいのもので、家庭ではほとんど用いられなくなったが、中国料理にはなくてはならぬ材料である。特に、烤鴨子《カオヤーズ》は中国料理の中でも代表的なものの一つであろう。

これは、あいがものワタを抜いて、腹の中に塩と山椒をよくまぶし、しょうがとねぎをつめて炉につるし、トロ火で蒸し焼きにしたものである。その前に、皮と身の間に細い竹の筒か、自転車の空気入れをさし込み、空気をパンパンに吹き込んで身と皮を離しておくのがコツで、こうしたものを前記のようにして焼き、胡麻油に浸した刷毛に蜂蜜をつけて皮のほうに塗りつけ、しばらくしてから油で揚げると、皮がバリバリとせんべいみたいになるのである。これが烤鴨子の烤鴨子たるゆえんなのだ。

これを、春餅《しゅんぴん》といって小麦粉を薄く軟かく焼いたものの上にのせ、またその上に生ねぎにシナ味噌をつけたものをのせて、春餅で巻きこむようにして食べるのである。あいがもの味を最もよく生かした料理といっていいだろう。

家庭では、これだけの手をかけることはできないし、できたとしてもとうてい専門家がやるようにはいかないから、やはり北京料理店などに出かけたときに味わってみられることをすすめたい。

家庭であいがもの味をいちばんよく味わうには、みりんと醤油のタレをつけて炭火で焼き焼き食べるのが簡単でいい。鶏とはまたちがった、いわゆる濃膩《のうじ》舌頭に溶けるといった味わいをもっている。

次にいいのは、治部煮だ。これはあいがものだき身一枚を十切れぐらいに切り、そば粉（または小麦粉）をまぶしつけたものを、ひと煮立ちしてすこし静めた煮汁に、ひとつひとつしずかに入れ、おとし蓋をしてひと煮する。火が通ったら、おろしわさびを入れて火からおろし、ふろふき大根、茹でたうどやさやいんげんなどの野菜と盛り合わせて出す。柚子もよく合う。この場合、煮過ぎないことと、煮汁をすこし張って出すことが肝腎である。なお、煮汁は、ダシに酒、みりん、砂糖、醤油で好みに味をつけたものである。

ジビエ

獣のジビエがほとんど口に入らなくなったのに比べて、鳥類のジビエは、まだまだそれを味わう機会が多い。雉子《きじ》、うずら、小綬鶏《こじゅけい》、山鳥、山鳩、つぐみ、ひよどり、すずめ、鴫《しぎ》、鴨などの類だ。

このうち、うずらは採卵用や食用として養殖されているので、市販のものにはそれが多い。そして、だいたい天然のものより飼育された食用うずらのほうがうまい。なんでもそうだが、天然のものは、生活に苦労しているし、食べものも充分には食べていないので、おおむね身体がやせており、肉が硬い。それに、雪が降る前の鳥は、虫類をついばんでいるので肉にいやな臭みがある。(雪が降ってからは、木の実の類ばかりしか食べないし、寒さに抵抗するため充分脂がのっているので、うまくなるのである)。

それで、うずらを買うときは、爪を調べてみるといい。爪の擦りきれているものは野生のもので、しきりに土を掻いて食べものをあさった証拠である。飼育されていたものは、爪が素直に伸びている。このことは、雉子、小寿鶏などにも通用することだ。

ただし、採卵用のうずらの卵の生み上がったものを、食用として売っていることがある。これは、まずくて食べられないから、素人の方はむしろ前記のような見分けかたで、天然ものを選んだほうがいいだろう。そのほうが、野ジミ（ジビエの日本での通称。これは、狩り場で獲ってすぐシメたものを「野ジメ」ということから転訛したものらしい）特有の味も味わえていいだろう。

その他、鳥類のジビエの選びかたは、前述の一般鳥類の選びかたに準ずればよい。調理のコツは、だいたいにおいて焼きすぎないように気をつけることだ。鴨も、鴨も、七面鳥も、焼きすぎるとパサパサになってしまう。（七面鳥は厳密にいえばジビエではないが、その肉はジビエと恰好なものである）。

宮内庁でやる鴨猟の際、獲物をどうして食べるものか、何か特別な道具で特別な調理でもして食べるのではないかと、よくきかれるが、そんなことはない。まったくの野外料理で、簡単なものだ。切り身をそのまま鉄板の上で焼いて、醤油なり、ソースなり、好みのものをつけて食うだけだ。また、それがいちばんうまいのだ。なお、あいがもと同じように治部煮にしてもよいことは、いうまでもない。鴨でいちばんうまいところは脳みそだ。その調理法は、ちょっと面倒だから省略するが、もし知りたい方は、拙著『仏蘭西料理全書』を見ていただきたい。

山鳩、つぐみ、ひよどり、すずめの類は、やきとりにして、骨からむしり食うか、骨ごとガリガリやるにかぎる。

野鳥の羽毛は、素引きにかぎるが、とりたてほどむしりやすい。そばに水を用意しておいて、ときどきそれに手を浸してやると、仕事が楽である。毛を引いたら、火の上で残ったウブ毛をすっかり焼ききってしまう。なお、鶏、鴨、あいがもの毛を引くのに、近頃はたいてい湯引きをするが、湯引きをすると皮が硬くなるので、皮つきの料理の場合は必ず素引きにすることだ。楽をすることばかり考えては、ほんとうの美味は味わえない。

　さて、野鳥をやきとりにするのにいちばんいいやりかたは、いろりのようなところへビンチョウの炭のカンカンにおこったやつをいっぱいおいて、長い竹串にさした鳥を鉄弓に斜めにかけて、遠火でジンワリと焼くのである。

　タレは、簡単にやるならば、ミリン六、醬油四の割合に混ぜたものでいい。もっと手をかけるならば、胡麻油を塗って焼いた長ネギ数本をその中に入れて煮つめると、本格的なタレになる。やっと火が通ったぐらいの鳥に、このタレを二回か三回つけて焼く。

　こんろで網焼きするときは、軟かい小鳥の肉が網にくっついたり、また脂が火に落ちて燃えあがったりして、なかなか思うようにいかないものだ。そんなときは、竹の皮かキョウギを網にしいてその上に鳥をのせ、ごく遠い火で両面をあぶって皮に壁をつくり、それから改めてジカ火で焼くと、手際よく焼けるものだ。

鮮魚

恵まれている国

日本ほど魚に恵まれている国は、世界じゅうどこへいってもない。サケやタラのような寒い海の魚から、カツオやマグロのような温い海の魚まで、それにアユ、ヤマメのような清流の逸品、スッポン、ウナギ、ドジョウのような池沼の美味、その他エビ、カニ、イカ、タコ、ハマグリ、ウニ、ナマコ……と、数えてゆけばきりはない。西洋人は、日本人やイタリー人を、「フィッシュ・イーター（魚食い）」と、半ば侮蔑を含めた名前で呼んでいるが、なあに、そんなことを気にする必要はない。フィッシュ・イーターだろうが、ミート・イーターだろうが、住んでいる土地の条件によって、いちばんよく手に入り、しかも栄養の多いものを食うのが自然の成り行きなのだから、食いものによって他を見下げるなんて、それこそ見下げ果てたる精神なのだ。いや、そういう西洋人こそかわいそうなもので、新しい魚介類のデリケートな、そして千変万化の味を、朝夕に味わうことができないのだ。あわれむべし。あわれむべし。

ところで、こんな魚の国に生まれていながら、日本の家庭の奥さんたちは、不思議と魚のことに詳しくない。魚の種別、鮮度、シュンなどについて、なぜもうすこし知ろうとしないのか。おそらく、旧来の御用聞き制度がこうしたお大名的なノンキさをつくりあげたものだと思うが、新時代の主婦は自分の取扱う料理の材料について、また家族の生命を養い、生活を楽しくする食べものについて、もっと研究心を持たなければ、一人前とはいえない。だいいち、ものをよく知らないで料理したり食べたりすることがおかしいことではないか。

その点、外国の主婦は、自分で市場に出かけて、あれでもないこれでもないとよく品選びして買ってくるから、食事に招待されても、このチーズはどこそこの産で、このブドウ酒はどこそこのなんという銘柄で――などと、自慢げに説明してくれる。この自慢がちっともいやらしくなくて、食べものの味を一段と引き立てるから妙である。日本の奥さんで、お客さまに「この鯛はとてもおいしいですけど、どこで獲れたのでしょう?」などときかれて、――多分どこそこあたりのものでしょう――と、推測ででも答えられるような人が何人いるだろうか。それどころか、マダイとチダイとキダイの違いさえ知らず、タイと名がつけばなんでもうまいと思っている人が多いのではなかろうか。どうか、お大名式の買物はいい加減にやめて、魚屋にうるさがられるぐらいいろんなことを聞きただして、実地の勉強をしていただきたいものだ。

また、魚屋のほうでも、忙しいときにクドクド聞きやがって――などとイヤな顔をせずに、よく教えてあげて欲しい。だいいち、自分の商品について、お客さまが納得のゆくまで説明するのは、商人としての義務ではないか。ほかの商人がそれをやっているのに、魚屋だけが威勢のいい掛け声だけでフラフラッと買う気にさせる商法をつづけているのは、一種の横着とも、怠慢ともいえる。料理研究がものすごく盛んになった今日のご時勢に、旧態依然たる商法をとっている店は、きっと寂れてゆくにちがいない。反対に、ちょっと気を利かせて、商品知識をお客さまに吹き込むような商法をやれば、必ず他の店よりぬきんでることができるだろう。ひとつ、奥さん方と魚屋さんと共同で勉強してもらいたいものだと思う。

では、その予備勉強として、紙の上での知識をすこしばかり仕入れていただくことにする。

魚の有為転変

日本の魚も、われわれが若い頃からみると、ずいぶん変った。冷凍や輸送の発達のためだけでなく、魚そのものの分布が変ってきている。ひどいのになると、むかしあった魚が全然姿を消したものもあるし、見かけたこともなかった新顔が市場に登場してきているものもある。だから、古い知識は役に立たないことが多い。

「目黒のサンマ」という落語は、なかなかよく出来た話で、何度聞いても飽きがこない。現在では、馬生《ばしょう》の演ずる筋は知り過ぎるほど知っているのに、つい笑わされてしまう。殿様の所望によって、三太夫が百姓家で焼いているサンマのがいちばん味があるようだ。まだ脂がジブジブいっていて、オキが二つ三つくっついていて、をゆずってもらってくると、る――という描写など、真に迫っている。

この話のおもしろいのは、第一に筋に無理がなく、ありそうな話だということ、第二に諷刺がよく利いているからであろう。ところが、ある若い人が、この話について次のような疑問を出したことがある。

サンマの産地は、北海道から、せいぜい下っても三陸沖あたりまでなのに、それを江戸まで何で運んできたのだろう。汽車はなし、たぶん船の底に生かして持ってきたものだろうが、もしそうだとすると、たいへん貴重なものだったのではなかろうか。目黒あたりのお百姓が、朝早く町に野菜ものか何かを売りに出て、なにがしかのお鳥目《ちょうもく》を得たところへ、たまたま通りかかった漁師かボテ振りから買って帰ったサンマ……というのは、ちょっと考えられないことだ。あれはイワシのほうが適当じゃないだろうか――というのであった。

まことに、一応もっともなような考えである。しかし、魚の世界も、人間の世界ほどではなくてもやっぱりたいへんな変りかたをしているのである。また、人間の世界の変化につれて変ったものもあって、戦争のおかげで、そのイワシさえ東京湾では獲れなくなっているのである。

私はこのことを指摘して、むかし、茨城や千葉の海面でもサンマはたくさん獲れたものであることを話してあげた。佐藤春夫さんが、熊野のサンマのうまさについて手放しの礼讃をしておられるのを、何かの雑誌で読んだことがあるから、以前はあんな南のほうでもよく獲れたものらしい。ところが、いまでは魚撈法《ぎょろうほう》が発達したため、北海道や三陸沖あたりで文字通り一網打尽にされてしまって、南のほうへは下ってこなくなったのである。下ってきても、それは極めて小さい群に過ぎない。

サンマだけではない。近頃魚河岸にいって眺めていると、つい先年まであって近頃は姿を消した魚がたくさんある。まず、前に述べた湾内のイワシ、これは東京湾口に張られた防潜網のせいだそうだが、そのむかし、シュンになると、街々を「エー、イワシコー、エー、イワシコー」と売って歩いたあの威勢のいい声が聞かれなくなったのも、なんとなく寂しい気がする。もっとも、イワシが少なくなったのは、全国的な現象らしく、最近長崎の島原半島出身の人があのへんにもイワシがめっきり来なくなったと話していた。

東京湾内では、シバエビもとれなくなった。いわゆる江戸前のてんぷらの種の随一であったシバエビ、これはいまや全然「江戸前」ではない。それから、近海もののヒゲダラがほとんど見受けられない。大膳寮で使うタラといえば、このヒゲダラにかぎっていたものだったのに――。

ニシンも少なくなった。まったくひどい減りかただ。で、むかしはミカキニシンといえば背ミガキで、一尾から一本しかとらず、あとの部分は肥料にしてしまったものだったが、いまでは一尾から三本もとっている始末だ。それですら、あんまり食膳にのぼらなくなった。数の子にいたっては、もう庶民の食べものではない。お正月料理も、いよいよ旧套《きゅうとう》を守ってはおられなくなるだろう。

反対に、むかしはなくて近頃見かけるようになったものに、赤松魚、ホッケ、メジナ、キウリ魚、ブドウエビなどがある。ホッケ、メジナはどなたもご存じのもの。赤松魚というのはシナ海で獲れるタイの一種。キウリ魚というのはワカサギの大きいようなもので、大島方面が産地。キウリのような匂いがするのでその名があり、海の鮎だなんて洒落て呼ぶ魚屋もあるけれども、とうてい鮎に比ぶべくもなく、まあ、フライにして食べられる程度のもの。ブドウエビは三陸の産で、むかしは獲らなかったものだ。安くて、形はいいのだが、煮ると肉がなくなってしまい、味も、お世辞にも上々とはいえない。これが量的にはずいぶん幅をきかせているのだ。どれを見ても、戦後の新顔はデリケートな味わいを持たぬドライなやつで、魚河岸にうち寄せているのは、東京湾の波だけではないことをつくづくと考えさせられるのである。

すこし感慨にふけり過ぎたかもしれない。こういう有為転変はあっても、日本の魚は世界一種類が多く、味もいいのだから、古い感傷はこのへんで投げ捨てて、うまい魚を追っかけてゆくことにしよう。

選ぶコツ

鮮度

魚を選ぶ第一の要点は、鮮度である。「腐っても鯛」なんていうが、こんないやらしい言葉はそうたんとありゃしない。封建思想といおうか、事大思想といおうか、人間の生きのわるいのも魚の生きのわるいのと何の変りがあるものか。腐った鯛なんて一文にもなりやしない。「イワシでも生きのいいの」——いまの時代の人間はこれでなくちゃ通用しない。

人間だってそうだから、ほんとうの魚ときたら、なおさら新しいに越したことはない。白魚とか、ワカサギのような小魚は、獲って即座に食うのがいちばんうまい。サヨリ、キス、アユぐらいになると、獲るとすぐ脳天をたたいて即死させたものを三、四十分後に食べるのが最上の味である。タイ、カツオぐらいになると、もうすこし時間が経ったほうがうまい。それが、マグロ、カジキのような、何十貫もある大魚になると、牛や豚の肉の取扱いに似てくるのである。つまり、前にも書いたように、死後硬直が解けて蛋白質の自家分解の始まろうとする頃がいちばんうまいというわけだ。

しかし、これはまったくの理想論であり、あるいは釣りや網打ちにでも出かけたときにだけ通用することであって、私たちが魚屋の店頭で買うときには、どう間違ったって、新し過ぎてまずいなんてことにぶつかる心配はない。だから〈魚は新しければ新しいほどよい〉という言葉は、金科玉条と心得ていてけっして間違いはないのである。

鮮度の見分けかた

では、魚の鮮度を見分けるには、どうすればよいか。

第一に、全体のきりょうを見る。

その魚の持ち前の色を生き生きと、つややかに保っているのは、新しい証拠。それは、表面のヌラヌラした粘液が新しいうちは透明で、近頃の雑誌の表紙にビニールを塗ってあるのと同じような効果を出しているわけだ。古くなると、この粘液が乳白色になるので、色が褪せ、つやがなくなる。また、肌の色そのものも変色してくる。タイの赤い色は白ちゃけ、サバの背中の青黒い縞は灰色がかった青縞に変り、イカの赤茶色の肌は白っぽくなってくる。

色つやと同時に、ウロコがはげているかいないかを見る。ウロコがきれいに揃っているのは、まず新しいとみてよい。

第二に、目を見る。目が清く澄んでいるものは新しく、白く濁っているのは古い。

第三に、えらを見る。真赤なのは新しく、白ちゃけていたり、黒ずんでいるのは古くなったもの。

第四に、サバ、アジ、サンマのような背の青い魚は、指で腹をおしてみる。固くって弾力のあるのは新しく、グニャリと凹むものは古い。クロダイ、イシダイのような腹の身の厚いものには、この見分けかたは通用しない。臓腑《ぞうふ》がおしりから出ているのは、何の魚にかかわらずいけない。

第五に、小魚類だったら、掌にのせてみる。頭と尾がグニャリと垂れるのは古い証拠。新しいのはピンとしている。大きな魚だったら、頭を持って、頭から尾のほうへ撫でるようにして俎《まないた》の上にのせると、新しいのは躍るような反り上がった形になるが、古いのはグッタリとのびる。

第六に、匂いを嗅いでみる。魚そのもののなまぐささでなく、プーンとくるような悪臭のあるものは、いくら安くても買ってはいけない。

第七に、川魚の場合だったら、アユ以外は生きたものでないと売買はしないのが普通である。海の魚よりずっと腐敗が早いからである。ウナギ、ナマズ、ドジョウなどで、白い衣をかぶったものは絶対に使ってはいけない。

板つき

こういった魚の鮮度やきりょうは、同じ産地から、同時に、同じ方法で送られてきたものでも、けっして同じではないということも、知っていなければならない。籠や箱に詰められて送られるのに、下積みになったものは、上からの重みはかかるし、水気の中に浸りがちだから、早くいたみやすいし、きりょうも味も落ちる。

もっと厳密にいえば、同じ魚の右側と左側とでも、味がちがうのである。というのは、問屋でも、小売屋でも、いっぱしの魚なら必ず右側を下にして、板舟または盤台におくのである。これは、食膳に上ってからも同様で、魚を皿に盛るときは、必ず左側に頭をおき、腹がお客さまのほうに向くようにして出す。ということは、魚の右側が下になっているということだ。

こうして、魚の右側の身は、問屋の手に渡って以来、ずっと下側におかれて日の目を見ない運命にある。だから、右側の身は自身の重さで圧迫されどおしだし、水気に浸る度合も多いし、味が落ちるのは当然なわけだ。

それで、魚の右側は「板つき」といって、左側よりはまずいし、値も落ちるのである。ところが、近頃の奥さんたちがこのことを知らないのをいいことにして、小売りの魚屋では、どちら側でも同じ値段で売っているところが多い。で、もし魚の半身を買う場合があったら、「その、上になっているほうをちょうだい」といって買うのが利口である。

また落語の話になるが、下情にうといことで毎度お笑いの種になる「さるお大名」が、夕べの宴の小鯛の焼物がとてもお気に召した。上になっている片身をすっかり召しあがって「これはなかなか美味であるぞ。代りをもて」という。ところが、あいにく代りの小鯛がない。気転の利く三太夫が、「殿、お庭の桜は満開で見事でございますな」と殿様の注意をそらして、素早く皿の鯛をひっくりかえしておく。殿様はそれもすっかり食べて、またた「代りをもて」という。三太夫いよいよ処置に窮していると、殿様が、「三太夫また庭の桜を見ようか」とのたもうのが落ちになっている。

この話は、テーマである殿様のユーモア精神は別として、食べものの面だけから見た場合、一面では真理を語り、一面では誤りをおかしている。お大名ともなれば、魚は上の片身しか食べないものと思っていたことは、まことにさもあっただろう。いまでも、ぜいたくな人はそれをやっている。ところが、三太夫が裏返した「板つき」のほうまで食べて、はたしてもう一度お代りを欲しい気になるかどうか。現実的に見れば、最初に食べたのより味が落ちるので、おそらく半分ぐらいつっついてヤメにしたことだろう。

うまいのは即死

厳密なことをいい出したついでに、もうひとつ附け加えておこう。獣類ではなおさらそうだが、魚類であっても、苦しんで死んだものより一気に即死したものがうまいものである。人間でも、恐怖や憤怒の感情が起ったときは、あるよくないホルモンが分泌され、それが血液によって身体じゅうに運ばれ、いろいろ局部的な、あるいは全身的な症状を起すことは、医学で証明されている。同じ生き物である魚にもそれがないとだれがいい切れよう。

玄人の使う言葉に、ノジメ、イケ、イケジメ、イケアガリなどというのがある。ノジメというのは、猟鳥獣を野でシメた「野ジメ」を魚にまで用いるようになったもので、獲るとすぐ即死させたものである。瀬戸内の漁師は、鯛をあげるとすぐ手かぎで脳天を打ってシメる。瀬戸内の鯛のうまいのは、食っている餌にもよることはもちろんだが、こうしてノジメをやるからだ。土佐のカツオ船の漁師は、カツオを釣りあげると、手早く針を抜き、片手で尾を握ってまっ逆さまに甲板の上に落す。カツオはそのショックで即死してしまう。私の郷里あたりでは、サバ漁にもこれをやっている。釣れたサバの尾を握ってブラ下げて板にコツンコツンと鼻を突かせてシメるのである。

これらが、ほんとうのノジメである。ところが現在では、玄人の間でも、獲ったものをイケスなどで生かしておかないでそのまま運んでくる途中に死んだものをノジメと呼んでいる向きがある。これは、他に適当な言葉がないのでこう呼んでいるのであろうが、根本的には大きな間違いといわなければなるまい。

イケというのは、いうまでもなくイケスで生かしておいた魚である。すなわち、俎にのるまで生きていた魚である。

イケジメというのは、イケスの中で死にそうになったのを殺したもので、イケよりも味が落ちることはもちろんである。

イケアガリというのは、もっと下等な品で、イケスの中で死んでしまったものである。

これらは、たんに味や値段の格差をつけるための差別ではなくて、イケとその他ではこしらえかたもちがうのである。関西へんでタイのさしみを注文し、料理人がタイをこしらえるのにウロコをバラ引きするようだったらイケのものと思っていい。バラ引きというのは、尾のほうから頭のほうへウロコ落しで掻くようにしておとすのである。ノジメその他だったら、スキ庖丁といって、ウロコを皮ごとスキ取るやりかたをする。鮮度による調理の変化の一つである。ただし、ヒラメなどのような、ウロコが細かくびっしりつまっているものは、いくら新しくてもスキ庖丁でなければウロコはとれない。

シュン

鮮度と共に、大切なことはシュンである。シュンというのは、一口にいって、魚に脂がのった時期である。脂がのるのは、産卵前か、水が冷たくなる頃かである。また、味のシュンと大量に獲れるシュンも、たいていの場合一致する。だから、シュンのものを食べると、安く、うまく、そして栄養もあるというわけである。ハシリの魚をわざわざ高い金を出して食べるのは、愚の骨頂というべきで、野菜などのハシリが未熟であるのと同様、魚の場合もまだ脂ののりきらない半人前の味だし、栄養価からいってもシュンのものに劣っているのだ。どっちから見てもバカなことである。

本場もの　場ちがい

鮮度、シュンの次には、産地も大切な要素である。ブリやカニやイカは日本海のものがうまく、サンマやイワシは太平洋のものがうまいというような大きな分けかたから、フグは山口県の徳島沖のもの、タイは明石、マグロは三陸沖、カツオは土佐沖といった、食通連がやかましくいう「本場もの」「バチ（場違い）」の区別もある。

だが、これを産地だけから云々するのは半可通であって、ほんとうは、何月頃はどこそこのもの、何月になったらどこのもの――というふうに、時期との関連において吟味しなければ本筋ではないのである。たとえば、江戸前の佃や羽田沖の天然ウナギがうまいからといって、これは春から夏場へかけてのものだから、秋の彼岸過ぎになると、利根川下流のウナギが「本場モノ」になり、もっと秋が更けてくると、手賀沼でとれたものが「本場モノ」になる——という具合である。

交通機関が発達し、輸送方法が進歩した今日では、東京のような大都会に住んでいると、一年じゅう、タイにもウナギにもお目にかかれる。そのため、一般の人は、シュンや産地のことをあまり問題にしなくなってきた。しかし、タイがいくらうまいからといって、また「タイにシュンなし」という言葉があるからといって、夏のムギワラダイ（麦をとりいれる頃のタイというわけで、つまり産卵を終えた直後のもの）を使うのは、いかにも知恵のない話である。たいてい脂が抜けていて、いっこうにうまくない。その季節にはカツオあり、サワラあり、カジキあり、なにもタイにこだわることはないのである。

どうも日本人には、食べものに「味」と「栄養」以外の要素を介入させて食べたがる癖がある。タイなどはその最《さい》たるもので、ちょっとした正式の招宴となると、夏の盛りであろうがタイのお頭つきとかサシミをつけたがる。折詰にも、パサパサの小ダイや、傷みやすいカマボコの類を、必ず習慣的につける。無意味なことだ。その季節にいちばんうまいものを選び、よく取り合わせて出すのが、ほんとうの真心こもった招待というべきであろう。

うまい時期

魚のうまい時期についての一般的通則を述べると——

1、産卵前が、産卵後よりうまい。産卵直前より産卵一、二ヵ月前のほうがうまい。
2、幼年期、老年期より、青年期から中年期の魚がうまい。
3、冬眠する魚は、冬眠に入る前に脂がのりきっているのでうまい。すなわち、秋の終り頃である。

この1については、ちょっと説明しておく必要がある。産卵前の魚がうまいというのはだれでも知っていることだが、かといって卵を産む直前はまた味が落ちることを忘れてはいけない。魚は卵を産む数ヵ月前から大いに餌をたべて栄養をつけるもので、そのために身体が急にふとってくる。急にふとるから肉が軟かい。それに脂ものる。また、理くつはよくわからないが、いわゆる「旨味」というエキス分がたいてい多くなるのである。ところが、産卵直前になると、その栄養分は雌なら卵、雄なら白子をつくるために奪われてゆくのである。だから、産卵期に入ったものはけっしてうまくない。一、二ヵ月前の準備時代が味のよい盛りなのだ。

そこで、魚介類の産卵時期を知っておけば、いちばんうまい時期も目安がつくので、次にだいたいのところを表にしてみよう。ただし、場所により、気候によってずいぶん変化があるのはもちろんで、同じ魚介名が二カ月ないし三カ月にわたって出してあるのは、その理由によるのである。

一 月
ボラ、タラ

二 月
マグロ、カサゴ、アンコウ、ボラ

三 月
ブリ、ムツ、マグロ、カサゴ、コチ、アンコウ、ナマコ、ホウボウ、サヨリ

四 月
ブリ、ムツ、アジ、ハタハタ、ハヤ、カニ、コチ、アンコウ、サワラ、イワシ、アナゴ、ホウボウ、サバ、ニシン、トビウオ、サヨリ、カマス、エツ、ナマコ

五 月
タイ、アジ、ハタハタ、フナ、コイ、ナマズ、ハヤ、カニ、サワラ、イサキ、イワシ、カマス、サバ、ニシン、コノシロ、アオヤギ、ハマグリ、アサリ、ニシイカ、トビウオ、カマス、ヒラメ、カレイ、エツ、シラウオ、シャコ、カキ

六 月
タイ、マナガツオ、アカエイ、フナ、コイ、スッポン、ソウダガツオ、イシナギ、イ

サキ、カマス、コノシロ、ハマグリ、アサリ、ニシン、アオヤギ、アカガイ、イカ、タコ、ヒラメ、カレイ、ナマズ、シャコ、カキ、スッポン

七　月

クロダイ、スズキ、イシナギ、マナガツオ、アカエイ、ドジョウ、スッポン、ソウダガツオ、タコ、アカガイ、サザエ、イセエビ、カキ

八　月

クロダイ、スズキ、タチウオ、スッポン、サザエ、シジミ、イセエビ、ドジョウ

九　月

タチウオ、アユ、シジミ

十　月

サケ、サンマ、マス、アユ

十一月

カツオ、サケ、マス、サンマ、アワビ

十二月

カツオ、アワビ

これらの月から一カ月ないし二カ月引いた月の頃がだいたいその魚介類のいちばんうまい時期だと思っていい。ただし、例外はある。たとえば、サバはどう頭をひねってみても、

二月三月のサバより秋サバのほうがうまい。また、カツオも初夏の頃のカツオより秋口のカツオのほうが脂がのっているのだが、これはまた「脂っぽい」という理由であまり珍重されない。このように、人間の嗜好というものは数学のようにキチンキチンとゆくものではないのだから、例外など気にすることはない。

それよりも、ここで断っておかねばならないことは、いちばんうまい時期といわゆるシュンとがかならずしも一致しないということである。それは、野菜のシュンが出回り最盛期と一致するのに反して、魚の場合は、いちばんうまい時期にたくさん獲れてくれなければなんともならないのである。ニシンなどがその好例で、四月頃にとれる数の子や白子を腹いっぱいかかえているものより冬場のほうがうまいのだが、冬場は深いところにいるのであまり獲れないのである。それで、春告魚《はるつげうお》という別名のとおり、春の初めに岸近くへ群をなして産卵におしかけてくるときをシュンとしているわけだ。タイにしても、二、三月の頃がたしかにうまい。しかし、シュンといえば、産卵のために内海へ入り込んでくる豊漁期の四月、五月となっているわけだ。

つまり、魚介類のシュンといえば、「味」と「出回り」の総合点数が最高に達した時期をいうと定義してもいいだろう。あとでシュンの魚介類を月別にして説明したいと思うが、その場合のシュンも、この定義に従ったものと承知していただきたい。

美味不味の通則

次に、魚介類には「時期」を別にした美味不味の通則がある。すなわち――

1、海面近くを泳ぐ魚は、海底にいる魚にくらべておおむねうまい。

2、一個所に定着している魚より回遊性の魚のほうがおおむねうまい。

3、雄魚より雌魚のほうがうまい。

4、温かい水の好きな魚より、冷たい水の好きな魚のほうがたいていうまい。おなじ魚でも、熱帯の海でとれたのより、温帯の海でとれたもののほうが小味でうまい。

5、内海でとれた魚のほうが、外海のものよりうまい。

6、一尾の魚についていえば、栄養分の貯蔵される部分と、脂肪の多い部分がうまい。いったいに腹のほうがほかの部分よりうまい。

この5と6については、むかしからまるっきり対立する意見がある。大正の頃の食通として知られていた木下謙次郎さんと波多野承五郎さんがその好例である。木下さんは、はげしい活動を要求される場所、すなわち流れの早い川や波の荒い外海に育った魚のほうが美味であり、一つの個体の中でも、うなぎは尾に近いところ、回遊性の魚はヒレのもと、ヒラメやカレイは「縁側」、飛ぶ鳥は胸肉、歩く鳥は腿肉、熊はてのひらというように、いちばん活動の激しい部分がうまいという論であった。

ところが、波多野さんのほうは、荒海で苦労した魚より、内海で餌をうんと食って悠々と育った魚のほうがうまいし、鶏でも活動的な雄よりも雌のほうがうまい。牛でも激しく使う脛の肉や腿の肉より、いちばん活動の少ない鞍下がうまいではないか——という意見であった。

私としては、どちらにもじっこんにしていただいていたので、この意見の対立はおもしろくもあったし、ちょっと困ることもあったが、双方にそれぞれの理くつがあると思う。というのは、味というものはたいへん主観的なものだからである。よしんば、ある時に、ある場所で一つの定説が出来上がったとしても、大衆の嗜好というものは、「場合」によって違い、「時代」によって移ってゆくものだからである。

荒々しい環境に住んでいる動物や、一個体の中でも活動の激しい部分の肉は、身がしまっていて硬い。それだけにいい意味での歯ごたえがあり、また噛みしめるとコクのあるうま味があるものだ。前に、牛肉や豚肉の章でも書いたように、肩肉はヒレやロースより味はむしろいいのだが、なにぶん硬いので、味と食べ心地の総合評点の上でヒレやロースの下風に立たなければならない。大むかし、人間の歯が犬の歯ぐらいに強かった頃は、きっとヒレより肩肉や腿肉のほうを好んでいたに相違ない。

また、活動の激しい部分は、脂肪分が少ないためにあっさりしている。その動物が全体に脂肪が多くてクドいようなものだったら、ある時代のある場所において、そのあっさりした部分のほうが嗜好に投ずることが起りうる。

　たとえば、うなぎの尻尾については次のような推測もできないことはない。尻尾は脂が少なくて、あっさりしている。だから、脂っこい胴中のうまさにいい加減飽きのきた江戸時代の「通人」たちが、尻尾のほうを食べてみて、こいつはいける――といい出したのかもしれない。マスコミの発達していない当時でも、それが口から口へと伝わって、いわゆる流行心理をつくり出し、「うなぎはしっぽに限る」というのが食通連の定説となったのではないか――これはまったく私の無責任な推論に過ぎないが、そういったことがないともかぎらない。

　臆測ばなしは別として事実を挙げてみよう。明治時代から大正時代までの人間は、肉も好きだったが魚も好んでよく食べた。ところが、いまの青少年は、魚は一年食わなくてもいいという連中が大部分だ。むかしのソバは、二番粉で打った、ソバの匂いのプーンとする黒いのを、からい汁につけて食べるのがうまいとされていたが、いまはうどん粉の多い白いのを、甘みの多い汁で食べるのが一般の嗜好になってしまった。それどころではない。いまの中学生や高校生に、「ソバをおごろうか」といえば、たいていがラーメンのことだと思ってしまうのである。乾物屋にいっても、ソバの玉をくれというと「日本ソバですか、シナソバですか」と聞き返される。これらは、まごうかたなき「時代」による嗜好のうつり変りだ。

また、日本から、アメリカへいった旅行者は、きまってむこうの牛肉はまずいという。これは、日本の松阪牛や近江牛などのように、蝶よ花よと、可愛がって育てたコクのある肉と比較して、むこうの肉がいかにもさっぱりしているから、そう感じるのである。

ところが、日本人にとって牛肉が「ご馳走」であるのに対して、世界有数の食肉国であるアメリカでは、牛肉はむしろ主食に近いのだ。だから、自然にあっさりしたものになってていかざるをえない。日本の霜降りのようなコッテリした肉を毎日大量に食っていたら、いかなアメリカ人でもウンザリしてしまうだろう。これが「場所」による嗜好の相違の一例である。

とにかく、あらゆる感覚のうちでいちばん主観性の強い味覚のことだから、木下説と波多野説とどちらが正しく、どちらが誤りだといい切ることはできない。ただ、最大公約数を出せというなら、私は波多野説に賛成する。野生のキジよりも、それが家禽化したニワトリのほうがうまいし、おなじ下関附近のフグでも、玄海灘のほうでとれたのより瀬戸内でとれたもののほうがうまい。また、マグロでいちばんうまいところは、胴車（中央部）の腹の上部にあたる部分だ。腹の下部も大トロといって、すし好きが喜ぶところだ。

また、熊の掌やヒラメの「縁側」のうまさは、ゼラチン質のせいである。スッポンの尾の左右についているエンペラが珍味とされているのも、つまり、脂肪とゼラチン質の固まりだからであって、どうやら「運動」とはたいして関係がなさそうだ。いっぺん、熊の掌を北海道から取り寄せて、中国の古書にあるとおりに料理して食べたら、ちっともうまくなかった——というより、食べられたものではなかった。よく調べてみたら、北海道の猟師が皮をむいて赤裸にして送ってくれたので、ゼラチン質が全然なかったせいであった。

なお、6の「栄養分の貯蔵される部分」といえば、カツオ、マグロ、アジ、サバのような回遊魚では筋肉であり、カレイ、ヒラメ、アンコウのような定着魚では肝臓である。

こういう諸点からつきつめてゆくと、「活動の激しい部分がうまい」という説は、どうやら光を失ってくるようだ。

結論として、木下説にも一理あることは前述の牛豚肉の例のとおりだが、味と食べ心地（食べ易さ）の総合評点において、嚙む能力の低下した現代人は波多野説のような嗜好に変ってきているといっていいだろう。

月々の魚

それでは、次に家庭でよく使われる魚介類について、そのシュンと、もし必要あらば産地の別と、また前述の一般的原則以外の特別な選びかたがあればその注意事項と、なお調理の方法に特殊なコツがあればそれもつけ加えて、月別に述べることにしよう。

一月の魚

マス、タラ、サケ、ホウボウ、カナガシラ、アンコウ、ヒラメ、ブリ、マグロ、ムツ、コハダ、マハゼ、フナ、タコ、イセエビ、シジミ

ヒラメとカレイとは、どこがちがうか。「左ヒラメの右カレイ」という言葉を覚えておくといい。目が二つともからだの左側にあるのがヒラメ、右側にあるのがカレイである。しかし、一般の呼び名はいろいろ混同されていて、ダルマガレイ、ナツガレイはヒラメの

種類で、シタビラメはカレイの種類なのである。

ヒラメは、秋から冬にかけて、なかんずく寒のうちがいちばん脂がのってうまい。淡白でしかもコクがあり、さしみが第一、すしの種としても高級品の一つである。煮つけもうまいし、フライにしてもよい。六月頃産卵のため浅い海にやってくるので、よく出盛り、味もわるくないのでその頃がシュンだという人もあるが、なんといっても冬のヒラメにはおよびもつかない。

カレイも、春先にとれるメイタガレイ、夏がシュンのイシガレイ、干物にするムシガレイなどいろいろ種類があるが、カレイ仲間の本命はマコガレイと、シタビラメだろう。

マコガレイは、さしみによし、焼いてもよし、煮つけてもうまいし、フライにもよい。これも寒のうちが最上だが、別府の近くの火出〔編集部注：日出《ひじ》〕の海でとれる城下鰈《しろしたがれい》は夏の盛りでもうまい。それは、そこの海の一部に冷たい真水の湧いているところがあって、城下鰈はその冷たい水に住みついているので、夏場でも脂がのっているのである。

シタビラメは、フランス料理の花形であるソールとは厳密にいえば違うのだが、同じように使われる。赤味がかったアカシタビラメのほうがうまい。シタビラメには、ゼラチン質が多いのでそれを生かすように調理することだ。フランス料理にはこのシタビラメを使ったものが、私の知っているだけでも百七、八十種ある。ここにいちばんポピュラーな、純フランス風「沖スキ」である、シタビラメ・アリスを紹介しよう。家庭でも手軽にできるので、一夕試みてみられるのも一興だろう。

レストランにいって、これを注文すると、ボーイが食卓炉、耐火陶器の鍋、それから材料を運んでくる。すなわち軽く塩胡椒したシタビラメ、新鮮なカキ、おいしくとった魚のフュメ（茹煮汁を半量になるぐらい煮つめたもの）、みじんに刻んだ玉ねぎと粉末のタイムを少々、焼パンをつき潰してつくったパン粉、それに塩、胡椒。

用意ができると、料理長が出てきて、まず鍋にバタを塗って火にかけ、シタビラメを入れ、バタが沸いてきたところで魚のフュメをそそぎ入れる。そして二、三分間煮てから玉ねぎをふりまき、さらに二、三分間煮てからタイムを入れ、パン粉を入れて煮汁のつなぎにする。次にカキを入れて、カキが煮えるか煮えないかという瞬間を見すまして落しバタをして、まえもって熱くしておいた皿にシタビラメを盛りつけ、カキを添え、その煮たっているソースをかけてくれるのである。それを吹き吹き食べるわけだ。シタビラメは煮過ぎないことが肝腎で、煮過ぎて身がくずれてしまうと、値打ちは半減する。

ついでにもうひとつ、代表的な料理、シタビラメ・ア・ラミラルを紹介しよう。

バタを塗った平鍋にシタビラメを並べて玉ねぎ半個を細かく刻んだものをふりかけ、白葡萄酒三勺《さんじゃく》（約半デシリットル）とシャンピニオンの煮汁三勺および魚のフュメ少量をそそぎかけ、オーヴンに入れてポシェ（茹煮）する。その煮汁を煮つめ、魚のヴルウテ（フュメを土台としてつくった白ソース）を少々加えて濃くしてかきまわしながら、エビバタ四十匁《もんめ》（百六十グラム）をすこしずつ加えて仕上げ、煮上がったシタビラメを熱くした長皿に一列に盛りつけ、煮汁をつないでつくったソースをかける。附け合わせとしては、一方の側にポシェして殻をとり除いたサイマキエビ、他の側には小さいシャンピニオンを盛り合わせ、シタビラメの上にはトリュッフ（茸の一種）の薄切り一片ずつをおき、その両側にカキフライを一個ずつ濃いソース・モルネイでくるんで添えて出すのである。（ソース・モルネイとは、ベシャメル・ソースに魚の煮汁、グルイエール・チーズ、パルメザン・チーズ、バタを加えてつくったソース）。

本格的フランス料理で、その味の豊潤さはまことに比ぶべきものもない。この白葡萄酒が調理の主役であって、酒をよく使いこなすことが西洋料理（特にフランス料理）のコツの一つといってもいいだろう。

ブリ

むかしから「寒ブリ」といって、この時節のブリは脂がのりきっていて、素晴らしい味だ。それも、北陸沖でとれたものが最上である。太平洋側は、水温のせいかシュンがすこしズレて、二月三月頃になる。味も日本海のものに比べて、少々落ちる。なお、シュンの頃でも、三貫目（約十キロ）以上のブリでないとほんとうの味は味わえないから、念のため。

ブリは出世魚といって、成長するにしたがって呼び名が変る。東京へんではワカシ、イナダ、ワラサ、ブリと変るが、日本海方面では、コズイラ、ツバイン、フクラギ（ふくらはぎの形に似ていることからきた名前だろうが、福来魚という字を当てている）、ガンド（またはナリ）、ブリと、出世の段階がひとつ多い。

富山へんでは、ブリのフト（胃袋）を珍味としている。一度薄塩をしてネバを取り、酢味噌にすると酒のさかなにもってこいだ。また、塩をきかせて乾したものを、あのへんではイナダと呼んでいるが、お惣菜としてなかなかうまいものだ。

ブリの乾物では、宮崎県で出来る燻製がある。寒のうちに獲ったブリをスモークしたもので、濃厚な寒ブリの味がじっくりとエキスにされたそのコクのある味わいは、魚の干物の逸品中の逸品といってさしつかえないだろう。

ブリの肉にサシ（寄生虫）がいることがある。これは食べても別に害はないから、心配無用だが、心ある料理屋ではお客にイヤな思いをさせないためにシュン過ぎのブリは使わない。この寄生虫は暖かになり始める三月頃からブリの肉に現われるからである。

なお、ブリが出世しない前のイナダ、ワラサもそれぞれ味のあるものだ。まだ小学生時代のイナダは夏の頃のもので、新しいのを三杯酢か酢味噌で食べる。高校生ぐらいのワラサは春の終り頃がいちばんうまい。これが、その年の冬にブリとなって円熟するわけである。

マグロ

一口にマグロといっても、時期によっては一貫目（三・七五キロ）が一万円もするものもあれば、三、四百円で買えるのもある。貫一万円といっても、皮やチアイやスジなどを取り除いて、一流のすし屋ですしの種にする部分だけにしてしまうと、貫二万円という勘定になってくる。高級すし屋では、こんな時期にはマグロではちっとももうからないのだが、のれんの誇りのために我慢して、こうしたホンモノを使っているのだ。

ホンモノのマグロというのは、いうまでもなくクロマグロまたはホンマグロといって、背が青黒く、腹は銀白で、うっすらと黄色がはいったやつである。水温の低い海にいる魚で、東京では三陸沖で獲れたものを最上としている。それも、冬のものなのである。夏場すし屋にいったら、忘れてもマグロを注文してはいけない。いやなオヤジだったら、鼻で笑うか、「夏場マグロはありません」とケンもホロロにいうだろう。商売上手のオヤジだったら、なんにもいわずにキハダで握って出すだろう。つまらないすし屋だったら、仰せかしこみ、まずい夏のマグロを出して、涼しい顔をしていることだろう。

メジマグロというのがある。略してメジという。これは別にそんな種類があるのではない。ホンマグロの一人前にならないもので、ブリにおけるワラサのようなものだ。四月から五月にかけてうまい。

キハダマグロは、夏場がうまい。ホンマグロの身の真赤なのに対して、ピンク色をしている。味もホンマグロよりも淡白である。

ビンナガというマグロがある。これは冬のものだが、ホンマグロに比べて、はるかに味が落ちる。罐詰になるのはこのマグロである。

カジキマグロというのがあるが、これは全然マグロの種類ではなく、季節も夏のものだから、八月の項で説明する。

なお、マグロの真子を塩茹でにしてザルにとり、細かく切って酢味噌または辛子味噌で食べると、実に珍味で、酒徒にはもってこいのさかなである。

ムツ

腹子のおいしさで、むかしから珍重されている。かならず淡味で、甘みはみりんでつけるがよい。親も煮つけて食べるとうまいが、子におよばぬこと数等である。脂が多いので、しつこい感じがある。

コハダ

ほんとうの名前はコノシロ。すし屋などでは、大きいものをコノシロ、小さいものコハダと呼んでいる。正月のおせち料理につきものだが、どうしてあんなにいやらしい甘さに味つけするのか、神経を疑いたくなる。すし屋で食わせるような、塩と酢でシメたものこそ、ほんとうのコハダの味である。生まのでも、三杯酢、酢味噌和えなど、酢がよく合う。

うまいのは、せいぜい十月から二月までで、特に夏の七、八月はいちばんまずい。

マハゼ

東京は十二月にはいってようやく本格的に寒くなる。そうなってから釣ったマハゼを焼き枯らしておいたものを、正月のぞうにのダシに使うと、なんともいえない淡白な味わいである。鹿児島の出水《いずみ》でとれるエビの干物が、ぞうにのダシとして天下第一だと信じているが、なにしろなかなか手に入らない。手に入っても、おそろしく高い。だから、次善の品としてマハゼの焼き枯らしを使う。それがなければトリという順序になる。

フナ

寒ブナを甘露煮にしたものも、一月の味であろう。前のハゼにも通用することだが、こういう小魚は頭から尾の先までまるごと食べるところに値打ちがあるのだから、骨まで軟かに煮なければならぬ。その方法はいくとおりもあるが、どれにも共通なことは、先ず白焼きにして干して身をしまらせておくことと、煮る場合は必ずトロ火で煮ることである。

最初に番茶で煮る。それに梅干しを三つか四つ入れると、早く煮える。ただし、味をつけるときは梅干しをとり出すこと。味は砂糖と醬油とでつけるが、このときもトロ火で煮ることが肝腎だ。飴だきの場合は水飴を用いる。その場合は焦げつかないように鍋の底にザルを敷くこと。

また、水と酒を半々に混ぜたもので煮る方法もある。ぜいたくだが、味はこっちのほうが数等よい。そのとき落しブタをすることを忘れてはいけない。そしてトロ火でゆっくり煮ると骨まで軟かになるから、前記のようにして味をつけるのである。

タコ

一年中あるにはあるが、いちばんうまいのは一月か二月である。生まのタコは、灰白色でソバカスのような斑点があり、吸盤に手をやると吸いつくのが新しいものである。古いものは、吸いつきが弱くなり、表面に粘りが出てくる。

タコの全面にヌカをふりかけてしばらくおくと、ぬかの甘みでうまくなる。保存したいときにも、一日ぐらいならこうしておけば腐らない。早くしたいなら、ヌカで揉んでから茹でるとよい。味もよいし、色よくあがる。小豆やそら豆を少しばかり入れても軟かになるが、味が少々落ちるのが欠点だ。ほかに、ワラ、番茶等を入れて煮る方法もある。

酢ダコの場合、身を斜めにつくるうちが多いが、あれでは、見かけはいいけれど歯切れがわるい。やはり繊維に直角に切ったほうがいい。タコの味は歯切れが生命のものだから……。

タコにいちばんよく合う野菜は大根だ。これといっしょに煮ると、タコそのものが軟かくなるばかりでなく、味もよくなる。なお、味をつける場合、醬油で長く煮ると身がしまって硬くなるから、みりん、砂糖、醬油を適度に調合した煮汁を沸騰させたところへタコの切身を入れて、よく煮立たせて火からおろし、そのまましばらくおくとよい。硬くならずに、味もよくしみ込む。砂糖には、黒砂糖を使うと、不思議に軟かに煮えるものだ。

魚屋では、茹でたのを売っているが、あまりにも鮮やかな紅色をしたのは色を着けたものだから、やめたほうがよい。新しいタコを茹でたのは、むしろ暗紅色であり、引っ張ってみると、弾力があって皮が切れない。皮がむけたり切れたりするのは、古くなったタコを茹でたものである。

イイダコは、早春のものだ。大きいものは味が落ちるから、小さいものを選ぶこと。塩でもみ洗いしてから水を切り、熱湯に入れ、塩をすこし入れ、頭の中の飯（卵巣）が硬くなるまで茹でて、酢味噌で食べるか、酒と醬油半々に混ぜた煮汁の沸騰したところへ生まのまま入れて煮つけるかして食べる。

イセエビ

別にこのころがシュンだというわけではない。シュンの頃は禁漁になっているし、その他の時期でも、業者が大がかりなイケスに生かしていて、いつでも生きたのが手に入るのだが、縁起物だけに一月がいちばん需要が多いので、この月においてみた。

むかし伊勢湾でよくとれたのでこの名がついたわけだが、いまはむしろお隣りの和歌山県が第一の産地だ。しかし、ここのイケスは湾の中にワクを沈めた、いわばむき出しのものだから、イセエビがながくもたない。禁漁期が七月に終って、八、九月が盛漁期で、その二カ月に獲ったものを囲うのだが、大体十一、十二月までしかもたないのである。

というのは、イセエビは実にデリケートな動物で、太陽の光をきらって、岩かげなどに住むものである。深過ぎると死んでしまうし、またあまり浅過ぎて酸素の量の多い水もいやがる。それに、冷たい水が禁物ときている。それで、たんに海の中にワクを沈めただけのイケスでは、そういったデリケートな調節ができないわけである。

そこで、一月から三月にかけては、房州方面の囲いものが出てくる。このヘンのイケスは、海岸の岩山の下をくり抜いて曲りくねったトンネルをつくり、外海の海水が出入りするようになっている。特に、御宿にあるものなどは数百坪の広さで、科学的な設備がゆきとどいており、海水の比重、水温、酸素の量、太陽光線の量を自由に調節するようになっている。

このへんでは、六、七月が禁漁で、漁期は八月から十一月までだが、獲れたイセエビのうちの小さいのを養成業者が買いつけて、イワシやサバを飼料に十二月まで餌づけして、

一、二、三月といちばん品物が払底したときにいい値で売るわけだ。これが、人工孵化までできるようになったら、乱獲のため年々水揚げ量の減っている悲観すべき状態を救うことができるのだが、とても採算がとれないのだという。卵からかえってから商品価値を生ずるまで、すなわち体長がだいたい十センチぐらいになるまで育てるのに二年半かかり、一千貫養殖するのに餌代が三百万円かかるということだ。

外国からのお客は、日本のイセエビの料理をとても喜ぶので、観光対策の一環としても、イセエビの養殖を公的にやることを考えてもいいのではなかろうか。釣り人のためにアユの稚魚の放流をやっているくらいだから……。

さて、イセエビはかならず生きたものを買うことだ。死んだのはあたりやすい。自家分解の速度が早いからだ。しばらく保存する必要があったら、目を潰してメクラにするとか、暗い冷たい場所で濡れた砂に這わせておくとよい。食べかたは、生きづくり、具足煮、サラダ等が一般的。

日本料理の具足煮では、腹のほうからタテ二つに割るが、西洋料理では、背をタテ二つに割る。背から割るときは、庖丁がすべりやすいから、気をつけなければならぬ。

二月の魚

シラウオ、キンメダイ、アンコウ、ホウボウ、カナガシラ、ブリ、ムツ、コハダ、ヒラメ、マグロ、フナ、タコ、イセエビ

シラウオ

いかにも早春らしい雰囲気をもった魚だ。あのかぼそい半透明の魚体を見ただけでも想像できるように、まことにはかない命をもったものだ。夏場には、とれるにはとれても、市場に出るまでの間に魚体がとろけてしまうのである。

それだけに、生きたものでないと値打ちがない。それも、通人は朝揚げを尊んだものだ。網から揚げるときも絶対に手を使わず、ひとつひとつ箸で拾い、それを生きたまま二杯酢で食べるのが、むかしの江戸っ子の自慢だったが、いまでは広島地方でそれに似た食べかたをしているようだ。死んだものは、なまぐさみが強く、味がはるかに落ちる。しかし、死んだものでも、魚体が半透明で目のところだけ黒く見え、また水の中に入れると透きとおって、青く光って見えるうちは、まだまだ鮮度がいいのである。乳白色に不透明になってしまったものは使えない。鮮度の高いシラウオは椀種に、玉子とじに、てんぷらに、絶

佳なものといえよう。

アンコウ

これはまたシラウオとまったく対照的な魚だ。題名は忘れたが、海底の生物の生態を撮った映画で、アンコウがヒゲの先をみみずのようにヒラヒラ動かして、魚が寄ってきたところを大口あけてパクリとやらかす有様を見て、思わず大笑いしたことがある。貪欲きわまりないやつだが、その貪欲ぶりを見ていると、かえって滑稽さを覚えるのだ。世間によくいる欲張りやの人間でもやっぱりそうだ。憎らしいより、なんとなくおかしくなってしまう。不思議な心理だと思う。

ところが、よくしたもので、最大の貪食者であるアンコウも、獲られてしまえば、こんどは自分自身がほとんど捨てられるところなく食べ尽くされてしまうのだから、実に愉快だ。皮も、アバラ骨（軟骨）も、ヒゲも、ウデ（胸ビレ）もみんな食べられる。「アンコウの七つ道具」というが、それはキモ、トモ（腹から出る円い袋状のもの）、ヌノ（卵巣）、エラ、水袋（胃袋）、柳肉（ほお肉）、皮の七つである。

全体がグニャグニャして、粘りが強いためたいへん切りにくく、胃に水を入れて、いわゆる吊し切りというのをやる。そして、粗らごなししたら、いっぺん熱湯をくぐらせると扱いやすい。

食べかたはアンコウ鍋が一般的だ。味はダシ、みりん（または酒）、醬油、砂糖などで淡味につくったワリシタを使う。ザクは、ねぎ、焼きどうふなどだが、アンコウにはウドがよく合うので、これは欠かしたくない。

珍味としては、トモをよく水洗いして湯煎にし、酢味噌で食べる「トモ酢」がある。

キンメダイ

深海魚で、あまりたくさんとれないが、冬場うまい魚である。色が美しい紅色で、目が大きくて黄色に光ってみえるから、この名がある。残念ながらさしみには向かないが、煮つけや、鍋ものなどによい。

ホウボウ　カナガシラ

似たような魚だが、ホウボウのほうが大きく三十センチ以上あるが、カナガシラはそれ以下である。また、ホウボウはウロコが細かいが、カナガシラは大きくてざらざらしているので、だれでも見分けることができる。両方とも淡白な味で冬にうまい魚だが、比較すればホウボウのほうがうまい。塩焼きか、フライ、てんぷらに向く。

三月の魚

サヨリ、ハヤ、ヤマメ、マグロ、ヒラメ、メイタガレイ、レンコダイ

タイが実にうまくなる頃だが、シュンとしてはもうすこしあとに加えたい。ちょうど冬の魚と春の魚の入れかわる頃で、ここにかかげた品名は少ないけれど、冬の魚もこの頃まではまだたいてい食べられる時期と考えていただきたい。

サヨリ

春を告げる魚である。これこそ「海のアユ」という名に恥じない端麗な風貌と、淡白でしかもどこかにコクのある味をもった魚である。皮がうすいので、庖丁でしごくとすぐとれる。三枚におろして、糸作りに、またはそれを結びサヨリにして椀種にする。

サヨリのさしみには、醤油やポン酢などでなく、煎《い》り酒《ざけ》がいちばんよく合う。煎り酒のつくりかたにはいろいろあるが、酒二リットルを鍋に入れて煮立て、煮立ったらおろして冷ます。冷めたらまた煮立ててまた冷ますことを四、五回くりかえし、四割ぐらいに煮つまったとき、大きな梅干しを二つか三つ入れてまた煮立て、焼き塩で味をつける。地方に

よっては、正月の祝膳のさしみはかならずこれで食べる所もある。また、茹で卵の黄身をほぐし、日本紙の上にのせて炭火でゆっくりあぶってパラパラにしたものを煎り酒に落して出すのも、豪華な趣きのあるものだ。

ヤマメ

市場に出る魚ではないが、割愛するに忍びない早春の味だ。いわゆる雪しろヤマメといって、雪しろ水の流れに打たれたヤマメは、それまで黒ずんでいた肌がにわかに鮮かな銀青色へと春のよそおいをととのえる。これを塩焼きにしたもの、あるいは白焼きにしてから魚田《ぎょでん》（みそでんがく）にして食べると、水清き日本の国に生まれた幸せをしみじみと嚙みしめる気持になる。東京の高級料亭やうまいもの屋で、ひとつこういった市販以外の魚を食べさせる工夫をしてみてはどうだろうか。

ハヤ

これは東京へも商品として信州あたりからはいっているようだ。二月半ばから三月にかけてのハヤは、雪しろヤマメにも匹敵する残春の味覚だ。白焼きにして椀種によく、そのままワサビ醬油で食べても酒量を増すこと必定、魚田にしても素晴らしい。

四月の魚

タイ、アコウ、トビウオ、ニシン、キス、アサリ、ハマグリ、イカ、サイマキエビ

タイ

いよいよタイのシュンである。二、三月の味にはおよばないが、脂はまだ充分のっていて、さしみで食べると、淡白ならちにコクがあり、塩焼きにしても、煮つけにしてもうしおにしても、どれでもうまい。夏場になると、ムギワラダイといって脂が抜けるので、せいぜいアライにするか、さしみにするなら焼き霜づくり（表皮をちょっと焼いてからさしみにつくる）ぐらいのものである。秋口からまた脂がのって、たいていの料理に向くようになってくる。だから、「タイにシュンなし」という言葉もあるわけだが、四月五月は、前にも書いたように水揚げ量が豊富なために、一年中でいちばんのシュンとされているわけだ。

さて、一口にタイというけれども、これには種類がいろいろある。学問的にいえばタイではないタイもたくさんあるのだ。アコウダイ、イシダイ、キンメダイ（キントキダイともいう）、などは、みんなタイでないタイである。

ほんとうのタイには、マダイ、チダイ、レンコダイ（正しくはキダイ）、クロダイの四種類がある。このうち、クロダイは一目でわかるし、レンコダイも頭の形がちがう上に黄味がかった色をしているのですぐ見分けがつく。ところが、タイの殿様であるマダイと、上席家老格のチダイとの区別はなかなかむつかしい。どこで見分けるかといえば――

まず大きさを見る。チダイはせいぜい一尺（三十三センチ）ぐらいまでにしかならないが、マダイは老魚になると三尺（約一メートル近く）にも達するのがある。（ただし、いくらマダイでもこうなったやつは、大味だ）。とにかく、一尺以上あったらまずマダイだと思っていい。

第二に、色を見る。マダイは紫がかったような深みのある赤さで、キラキラと青色に光る小さな斑点があちこちに見受けられる。これに対して、チダイは紫色が少なく、赤みが強い。また、斑点も青色でなく灰色である。

第三に、尾ビレを見る。マダイの場合は尾ビレの縁が、黒ビロードで縁どりしたV衿ネックのように黒くなっているが、チダイにはそれがない。これがいちばん判りやすい決め手だろう。ただし、稀にはこの黒い縁のないものもあるから、やはり前の二点を参考にすると万全である。

なお、おなじマダイでも、いちばんうまいのはいわゆる「目の下一尺」というやつだ。それだけに、身体がすっかり出来上がって、しかも元気ハツラツたる青年期のタイである。

値段のほうもちゃんと高くなっているのは仕方がない。

チダイはマダイについで味がよく、りっぱな宴席に出る資格も充分持っているが、レンコダイはぐっと落ちる。折詰などにはいっている塩焼きのタイはおおかたこれだ。

アコウ

普通、アコウダイと呼んでいるが、正しくはアコウである。タイではない。冷たい水の好きなメバルの一種の深海魚で、釣り上げられると水圧が急になくなるため目が飛び出したり、口を大きく開けたり、グロテスクな顔つきになる。それで、メヌケというはなはだかんばしくない名前をもらっている。だが、見た目にくらべては、案外食べられる魚で、お惣菜用にはもってこいだ。新しいものだったら、さしみにもなる。さしみにつくるとタイに似ているが、やや赤みがあるので、見分けがつく。煮つけ、照り焼き、チリ鍋などによい。

トビウオ

四月から六月にかけて盛んに出まわる。身が締まった感じで、歯ごたえも風味もスッキリした趣きをもっていて、いかにも春から初夏の季節にふさわしい魚だ。いろいろ手をかけるより、塩焼きが第一だ。ひと塩の干物もうまい。しょうががよく合うので、必ずこれを添えること。

ニシン

北海道でとりたてのニシンを食べると、文字通り頬っぺたが落ちる。ところが、内地に送られてくる塩ニシンとなると、まるで別物としか見えない。鮮度と味の関係をこれほど歴然と見せてくれるものもないだろう。

とはいうものの、戦中戦後にはこの臭い塩ニシンにたいへんお世話になった。あだやおろそかに思っては罰があたる。戦前だって、イワシや秋のサンマと共に惣菜魚として親しまれていたのだ。ところが、このニシンが近年めっきり獲れなくなってしまったのは、実に寂しい。たんなる郷愁ばかりでなく、もっと深い意味でも寂しいことだ。

この本の読者は、おおむねいい暮しをしておられる方であろうが、あなた方だっていつ失敗して貧乏するかわからない。しかし、貧乏したらしたで、それに即した賢い食生活をする順応性をもっていれば、けっして貧乏も苦にならないし、そんな人は、いつかまたその境遇から抜け出す力を持っているといってよい。落ちぶれてしまっていながら、「腐ってもタイ」的な見栄を張って、イワシやサンマやニシンなどはとても口に合いませぬ、あんなものを食べるくらいなら豆腐と菜っ葉だけのほうがよろしい――といった食生活をするようだったら、自分も、子どもも、台無しにしてしまう。

夕方おそく魚屋にいって、売れ残りの魚やアラなどを思い切り安く買って、腹一ぱい食うことだ。そのほうが身体の元気もつくし、精神的にもどれほど豊かな気持になれるかわからない。牛肉なら、脛肉《すねにく》や頸肉《くびにく》の安いところを買ってきて、長いことグツグツ煮ればけっこう軟かくなり、おいしく食べられるのだ。こんな生きかたはちっとも恥ずかしくない健康な生きかただ。精神的にも、肉体的にも、健康な生きかたをしていれば、よしんば自分が再起できなくても、子供がりっぱになってくれる。

鮮度のおちた魚は、煮て食べるのがいちばんいい。また煮かたにもコツがあって、鮮度の高い魚は最初に酒で煮てからあとで味をつけるのが定石だが、すこし古くなったものは、最初から調味料全部（酒、みりん、醬油、砂糖）を入れて煮たほうがよい。醬油は肉や魚の身をしめる性質をもっているからである。

そして、新しい魚は火が通る程度にサッと煮るのがいいのに対して、古い魚は味を濃くつけ、その味が身に浸みこむように煮るのが秘訣である。そのとき、刻みじょうがを入れるのも、臭みを消すためによい。

さて、ニシンにもどるが、近頃は底引き網で冬場のニシン漁も行なわれているので、量はほんのすこしだけれど鮮度のすごくいいのが東京へも入ってくる。しかし、ニシンとはいえないほどの値段だ。そんなものは好事家に任せるとして、大衆的なお惣菜としては、なんといってもミカキニシンだ。

これをおいしく食べるには、アク水に一晩浸けてから、必要なら小骨をとり、適当に切ったら、米糠をまぜた水か米のとぎ汁に、赤とうがらしを一本ちぎって入れ、その中にミカキニシンを入れて茹でる。そして、水洗いしてから、できれば酒を加えたダシで充分煮て、それから砂糖、醤油を入れて煮〆るのである。

キス

すこし黄味をおびた灰白色の白ギスと、淡青で腹の白い青ギスがある。味は白ギスのほうが立ちまさっている。塩焼き、椀種、酢の物、天ぷら、空揚げ、なんにでも向く晩春初夏の味である。

ハマグリ　アサリ

年中あるにはあるけれど、シュンといえばやはりこの頃だ。

殻の表面が滑かで、二つ握って打ち合わせてみて、反響のない重い音のするものが新しいハマグリだ。お客料理のときなどは、こうして一々たしかめてから料理しないと、もし鍋の中に悪くなったのが一つでも混っていると、その臭いがうつって全部の風味が落ちるおそれがあるから、面倒でもひとつひとつ点検することだ。なお、殻の唇の薄いものほど、肉が軟かなものだということも知っておいていい。

むきみで買うなら、肉が厚く、柱がよくついており、透きとおるようで、つやのあるものが良品である。

アサリやハマグリの料理で注意することは、水から煮ることである。そして、貝が口を開いたらすぐ火からおろす。煮え立ってから入れると、身が硬くなり、また汁に独特のおいしい味がつかない。

イカ

これも一年中あるもので、種類もいろいろあるが、いちばんうまいマイカがシュンに当たるので、この月においた。アオリイカは七月、八月、ヤリイカやスルメイカは九月、十月がうまい。

マイカは一名スミイカともいう。形の特徴は、胴が楕円形で幅が広く、厚さも厚く、胴の全縁に幅の狭いヒレがついているから、いちばん見分けやすい。東京では、これの大きいのをモンゴウ（文甲）と呼んで、さしみ用に珍重する。

アオリイカはヤリイカの一種で、先が尖っているが、胴の幅はヤリイカに比べて広く、胴の全縁に幅の広いヒレがついている。肉はマイカよりやや硬いが、さしみにしてうまい。

ヤリイカは、その名のとおり、胴が非常に細く、先が鋭く尖っている。脚が短いので、テナシイカとも呼ばれている。肉が薄く、味もマイカやアオリイカにおよばない。

ケンサキイカは、ヤリイカの一種だが、ヒレが菱形で剣の先に似ている。これのスルメが最優良品である。

スルメイカは、いちばんよく獲れるイカで、大部分はスルメに作られる。だが、ケンサキイカ、ヤリイカのスルメに比べて、味は落ちる。だが、イカの塩辛はこれの内臓から作られるのである。

イカを煮る前に最初に米糠を一面につけて大根で叩くと、すぐ軟かになること、まことに妙である。また茹でるときは、茹ですぎると硬くなるし、味も逃げるから、沸騰した湯に入れてすぐザルにあげ、水をかけて冷やすとよい。

サイマキ

サイマキとはクルマエビの二才子だ。前年に生まれたものが四月頃になると、手で握って頭と尻尾がちょっとハミ出すぐらいの大きさになる。これがサイマキで、てんぷらの種としては王者中の王者である。大きくなったものは、もうクルマエビというべきで、サイマキと呼ぶのはまちがいだ。

イセエビと同じように、生きたのを買うことが肝要だ。てんぷら屋で食べさせるサイマキの鮮度を見分けるには、尻尾の色を見るとよい。これが淡紅色に冴えているほど新しいものである。そして色がくすんでいる度合いで古さがわかる。また、最初に噛んだとき甘い汁が豊かに舌の上に滲み出るようなものは新しいものである。
ついでだが、エビやイカのてんぷらは、天つゆで食べるより、塩で食べるほうがうまい。材料そのものの味が極度に淡白で、かつ繊細な甘さをもっているからである。

五月の魚

カツオ、ソウダガツオ、メジ、メバチ、キス、川マス、ニシン、ヒラメ、トビウオ

ここにヒラメをまた入れたのは、産卵期が夏でこのころ浅海によく集まってきてよくとれるからである。また、その軽い味が握りずしによく合うので、家庭人とすし好きのためにちょっと加えてみただけのことだ。

カツオ

初夏の魚の王である。産卵期が十一、十二月だから、九、十月頃のカツオがいちばん脂がのっているのだが、南の海から五月頃にやっと伊豆七島あたりの沖合へやってきた頃の脂ののり加減が、むかしの江戸っ子の嗜好にピッタリしたものか、どうやらカツオのシュンは五月六月ということになっている。カツオブシにつくるのには、薩摩や土佐沖あたり

までやってきた春先のカツオが脂が少なくてよいことは、前にも書いたとおりである。

カツオの鮮度を見分けるには、一般的な鑑別法のほかに、頭部を見るのがコツである。カツオの鼻さきから頬のあたりの表皮はハゲやすいから、遠くから輸送されてきたものは、ハゲチョロけて赤くなっている。カツオは特に鮮度が大切な魚である。それは味の点からばかりでなく、サバと同じように、鮮度の落ちたものを食べると当たることがあるからだ。

カツオをさしみで食べるときは、しょうが醤油がいちばんだ。ワサビよりしょうがのほうがよく合う。なぜなら、カツオのさしみはなまぐさみが強いからだ。

また、このなまぐさみを消し、身が軟かすぎて水っぽいのを引き締める方法としては、焼き霜にするとよい。ほんとうはワラ火がいいのだが、炭火でも、ガス火でもよいから、中まで火が通らぬように外皮だけ焼き、水に冷やし、布巾でよく拭いてからさしみにつくる。それも分厚く切るのがコツである。

ソウダガツオ

カツオの親類で、近海でとれる魚だ。カツオ独特のあのタテ縞がないからすぐ見分けがつく。ソウダガツオにも、平たい形のヒラソウダと丸みを帯びたマルソウダがあるが、ヒラソウダのほうがうまい。

メジ

メジマグロといっても、そんな種類のマグロがあるのではない。子どものマグロのことだ。表皮の斑点が牝鹿《めじか》のそれに似ているのでメジカと呼んでいたのが、いつしか略してメジというようになったといわれているが、ちょっと眉唾の感がなくもない。

夏場にかかるとマグロの脂が落ち、味もまずくなるので、幼魚のメジの味が尊重されるというわけだ。幼年期、老年期の魚はだいたい一年中同じ味なので、特にこの季節にうまいわけではないが、つまりベテランが夏バテでスランプに陥っているときにイキのいいルーキーが使われるという意味のシュンなのだ。

たしかにメジの新しいさしみはうまい。だが、つくったら早く食べることで、しばらくおくと水っぽくなる。なんといっても、まだ身が充実していないので、大人のマグロにはおよばない。

メバチ

サバの親類だが、背の色が黒藍色で、長さが二メートルにも達しマグロに似ているので、俗にメバチマグロと呼んでいる。メバチというのは目が大きいからである。東京では、たんにバチといっているが、「場違い」を「バチ」というようになったのは、こんなところからも来ているのではないだろうか。

というのは、これもマグロの味の落ちる初夏の頃に登場するピンチヒッターだからである。握りずしによく使われる。淡紅色の美しい色をしているし、味もなかなかわるくない。

川マス

近頃は方々で養殖のマスを食べさせてくれるので、シュンが見失われてきたが、天然ものが獲れるのは、産卵のために川をさかのぼってくる五、六月である。特に、神通川のマスは逸品だ。薄塩をして生干しにした荒巻を焼いて食べると、その風味のよさに、つい酒を過ごしてしまう。サケもそうだが、マスもよく焼いた皮がうまいことを忘れてはいけない。

神通マスのすしも、日本一の味だ。マスを三枚におろし、厚めのソギ切りにして塩をし、四、五十分してから水洗いをする。そして生酢に五分ほどつけてしめる。曲げ物の折りに青笹を敷きつめ、それに酢をよくきかせた飯を入れた上にマスをのせて一、二時間（季節による）石の重しをしておくと、ほどよくなれたマスずしができる。笹の青さと、マスの淡紅色と飯の白さがよく調和して、見た目にも楽しいものだ。四、五、六月頃富山にいったら、ぜひ味わってみられることだ。この季節以外は、海でとれたマスか、よくよくのときは冷凍品を使っていることは承知しなければならぬ。

つい名物の太鼓をたたくような始末になったが、マス、アユのような川魚でも、アジ、サヨリのような海魚でも、こうしたやりかたでナレずしをつくると、弁当やお土産にはもってこいで、家庭でもぜひ試みてもらいたいと思った次第である。

六月の魚

サワラ、イサキ、カツオ、ソウダガツオ、メジ、メバチ、トビウオ、ニシン、キス

サワラ

関西方面では、カツオよりもマグロよりも、これを賞美する。マグロやカツオに似ているが、サバの親類だ。体長一メートルぐらいで、背の色は鉛色がかった青で、茶色がかった濃い青緑色の斑点があり腹が白い。

コクがあってさしみによく、照り焼きにも、塩焼きにもよい。その他、魚スキ、酒蒸し、五目ずしの種にも好適という万能選手だ。大阪あたりの人が、よくサワラの切身をみりんでゆるめた白味噌か柚子味噌に一両日漬けたのをお土産にくれるが、これを焼いて食べると、いかにも上方らしい典雅な味で、日本のうまい魚の中で一、二を争うものだといってもいいほどだ。東京では出回りが少なくて、高級料亭でしか使用されない。

イサキ

岸近くの磯魚で、三月ごろからとれ始めるが、三十センチぐらいに成長した六月頃がうまい。塩焼きが第一で、新しいものならさしみもなかなかいける。空揚げにも、煮つけにもよい。夏場は味が落ちるが、秋になるとまたうまくなる。

七月の魚

アユ、コイ、ウナギ、ドジョウ、カジキ、キハダ、コチ、イシダイ、カマス、シイラ、サワラ、イサキ

夏場にはいると、川魚が俄然幅をきかせるようになる。コイの洗いやアユの淡白さ、ウナギやドジョウの濃厚さ、その両極端が夏の食欲をそそるからだろう。スズキも、そろそろうまくなるが、八月にゆずることにしよう。

アユ

ウナギと共に川魚の横綱であることに、だれも異論はあるまい、しかも、川魚には珍ら

しく、生きたままでなくても遠くへ輸送ができ、取引きもされる。これは、私の想像に過ぎないが、おそらくアユのハラワタにある苦味が腐敗を防ぐ効果があるためではなかろうか。この苦味は、土用近くなると川底の石についている水苔だけを食べるために生ずるもので、アユのあの独特の香りもこの頃からついてくるのである。四、五月頃のアユは、まだ動物性の餌を食べているので、香りもわるく、味もよくない。

その水苔を掻きとるため、下アゴにクシ型の歯が発達してくるが、その発達の度合いが、天然のアユと養成のアユを見分ける目安の一つとなる。もちろん、天然もののほうがよく発達している。もうひとつの決め手は尾ビレを見ることだ。養成のアユは苦労していないので尾ヒレが繊細できれいな感じだが、天然のものはガッシリして荒けずりな感じである。なお、全体の形を見ても、川育ちのアユが細っそりしているのに対して、養成のアユは身体が肥り過ぎて丸っこい感じで、頭が小さく見える。淡白さと香気が生命であるアユは、養成ものより天然ものが数等上であることはもちろんだ。なお、腹が切れたものは値打ちがないから、求めるときはその点にも気をつけることだ。

料理法は、獲りたてならさしみもいいが、なんといっても塩焼きが第一だ。焼くときにいちばん気をつけるのは、腹が切れぬようにすること、ハラワタがアユの大切なアクセントだからだ。ヒレ塩のなんのと形ばかりに気を使うより、身のほうに充分塩味をつけること。

つけるのはむろんタデ酢にかぎる。タデの葉をあたり鉢であたり、酢と合わせて漉せばいいのだが、飯粒をすこし混ぜていっしょにあたると、タデの緑色が酢から分離して沈むのを防ぐことができる。

焼いたらできるだけ早く食べることが何より肝腎で、冷えるまでおきっ放しにしたのでは、どんな上等のアユをどんなに上手に焼いても、すべてが水の泡である。だから、出すときに「どうぞすぐ召しあがってください」と言い添えることが、ほんとうのもてなしである。すぐ箸をつけるもつけぬのもお客さまの自由だから――というような遠慮は、かえって不親切だといわなければならない。これは、熱さを生命とするすべての料理に通ずることだ。

コイ

友人のTが昨年の十一号台風の直後やってきて、こんな報告をしてくれた。あの翌る日は朝からいい天気でカンカン照りだったが、ちょうど昼頃になって、ふと庭先を見ると、池から流れ出した十五センチばかりのコイがほとんど乾からびたようになってノビているのを発見した。ダメだとは思ったが、念のために池に投げ入れてみたら、しばらくして元気に泳ぎだしたという。どう考えても八時間ぐらいは空気中にほうり出されており、そのうち五、六時間は日に照らされていたのに、なんという強い生命力だろう――とおどろいていた。私も、そういう例は初めてきいた。

それほど強い魚だから、死んでしまったものは、もう絶対に料理には使えない。かならず生きたのを買い、生きたまま俎にのせることが大切だ。たまに暴れるコイがいるから、俎の上にのせたら出刃庖丁の背で頭を叩いて即死させるとよい。

コイをつくるとき、気をつけるのは、いわゆるニガギモといわれている胆嚢を潰さないことで、もしこれを潰すとその苦味と臭みが身全体にひろがって、始末におえなくなる。頸の附け根の所からウロコ三枚目のところを筒切りにすると、その切口から青い豆粒ぐらいのがのぞいて見えるから、それを静かに抜きとればよい。

食べかたは、夏は洗い、冬はコイこくというのが定石だろう。洗いにするには、そぎ身につくって、田舎の冷たい井戸水ならその中で振り洗いにし、都会のなま温い水道水だったら、割った氷の中に入れて水道の水を勢よくかける。つけるものは、辛子味噌にかぎる。コイこくは、頭をとってニガギモを抜いたら、二センチぐらいの筒切りにして、濃い目に仕立てた味噌汁に入れ、トロ火で長く煮る。理想をいえば一昼一夜ぐらい煮て、骨まで食べられるようにするとよい。普通の味噌汁のようにサッと煮立たせたのでは、なまぐさくていけない。一法としては、二、三時間煮てから、蓋をしたまま七、八時間おき、また一、二時間煮ると、一日中煮つづけたものとほとんど変らぬように出来る。相性のよい野菜はゴボウで、これを笹がきにして入れると、うまさも増すし、川魚特有のなまぐさみも消える。

ウナギ

ほんとうのシュンは、九月から十月にかけての下りの頃であろう。産卵のために海のほうへ下ってゆくのだから、この頃のウナギはかなり太って脂も多くなり、皮膚も赤銅色になっている。前にも書いたが、九月の終り頃、利根川河口近くでとれる「下《しも》の下り」、十月にはいってから手賀沼でとれる「沼の下《くだ》り」は、むかしから食通が垂涎《すいぜん》おく能《あた》わざるものである。

しかし、それは一部食通だけの世界のものであって、一般的にいえば、いわゆる「丑《うし》の日」のある七月下旬頃がいちばんウナギの食べられる頃だから、これをシュンと呼んでもいいだろう。実際、近頃のウナギは大部分養殖ものであって、一年中いつでもあり、一年中ほとんど味も変らないから、ほんとうの意味のシュンというものはあり得ないのである。

養殖物も、餌がよくなったので、ひところのようにサナギ臭くて食べられないものはなくなった。それどころか、食通を自認している人々も、天然ものと味わい分けられぬほどに進歩してきた。

こしらえかたや焼きかたは、素人の方にはあまり用がないから省略するが、よく近県のかつぎ屋などが白焼きにしたものをもってくるのを家庭で蒲焼きにすることがあるから、手短かに説明すれば、まず白焼きにしたものを蒸し器で蒸して柔かにする。タレは、濃口の醬油とみりんを半々に合わせたもの（ウナギの頭や中骨があれば、軽く焦がしてその中に入れるとなおよい）を沸騰しない程度に温めたものを冷ましてつくる。（玄人もこうやってつくるのである）。そのタレを何度もつけながら、強い遠火で焼くのだが、その際、垂れた脂が燃えあがって肌を黒くいぶらせないように、うちわをパタパタさせて炎を消し、焼きを散らさねばいけない。

なお、白焼きで売りにくるものには、死んだウナギをつかませるのが往々にしてあるから、気をつけることだ。

死んだウナギの蒲焼は、脂がなく、ドブ臭いような臭いがして、味がウンと落ちるのである。

生きたウナギを割いて白焼きにしたものか、死んだものをそうしたものかの見分けかたはなかなかむつかしいが、前者は、身からにじみ出た脂がむしろムラをつくっているぐらいに強く光って見えるのに対し、後者は、水をかけたように一面に薄く脂が刷かれている感じだ。

また前者は、焼いたときの身の縮みがいくぶん強く見受けられるが、後者はなんとなくダラリとしている。死んだウナギは焼いても、生きたウナギのようには縮まないものなのである。

なお、死んだウナギは皮がはがれやすい。これも決め手のひとつである。

ドジョウ

春から秋までいつでも獲れるけれども、子を持っている盛夏の候がいちばんうまい。商店で買ったものだったらすぐ食べられるが、田んぼなどからとってきたものだったら、きれいな水の中に二、三日入れておいて泥を吐かせる。そのとき、赤とうがらしを細かく刻んですこし入れておくと、早く泥を吐くものだ。これはウナギにも通用する。なお、丸煮にするものなら、そのとき生味噌をひと塊り入れておくと、煮たとき骨ごと軟かになる。また、煮る前にしばらく酒の中につけておいてもよい。

ドジョウによく合う野菜は、いうまでもなくゴボウである。ゴボウを最初ゴマ油で炒めると軟かに煮えるから、ドジョウ汁の場合は、こうやって炒めたゴボウの上にドジョウを入れると、味もよい。丸煮は、ダシにみりんと砂糖で味をつけてひと煮立ちさせたら、底に笹がきゴボウを敷くように入れ、その上にドジョウをのせ、ひと煮たちしたら醬油で味をつける。

柳川鍋の場合は、開いたドジョウを使う。そして、土鍋に笹がきゴボウを入れ、ドジョウを菊の花の形にならべた上に、丸煮の場合のようなワリシタを入れ、ひと煮たちしたら、溶いた卵を一面に流し込み、ふたをして火から下ろす。そして、余熱でジブジブ煮えているうちに食べるのである。

なお、卵を流し込むときは、穴あき杓子で漉すような恰好にしてやると、全体にムラなくゆきわたるもので、このやりかたは親子丼その他卵とじ一般に応用するとよい。

カジキ

カジキマグロなどというけれど、マグロではない。映画「老人と海」に出てくるあの大魚で、長く尖ったアゴと兇暴な性質のために網漁はできず、釣るか、ツキンボといってモリで突くかして獲るのである。マグロより脂肪が淡白なために、高級料理に喜ばれ、だいたい一年中うまいが、ほんとうに味が出るのは、十月以後である。しかし、うまいマグロのない夏場に近海でよくとれ、変色しないで長く保つために、夏のさしみ魚として料理屋で重宝がる。カジキをこの月に入れたのは、そういう理由からである。淡紅色の美しい肉は、さしみや握りずしの種によいが、腹から尾にかけての身にはスジがあるから、さしみで食べるなら、肩肉を買うことだ。その他、照り焼、味噌漬、鍋物にも向く。

なお、以上はカジキの中でもマカジキのことであって、南方の海でとれるメカジキはずっと味が落ちる。肉の色が白いので、すぐ見分けがつく。

キハダ

これはマグロの一種で、ホンマグロよりずっと小さく、ヒレが黄色いのでこの名がある。肉の色は紫がかった紅色で、身がチヂれたようになっているのが特徴である。春から夏場にかけてうまくなる。

コチ

白身のよく締まった肉は、秋冬ならチリ鍋に好適。夏場は洗いがよい。煮つけてもうまいが、特に「コチの頬身」といって、頬の肉が最上とされている。

イシダイ

タイの種類ではない。青白い色で、小さいうちは七本の横筋があるが、三十センチぐらいに大きくなるとそれがだんだんうすれて、そのかわり口のあたりが黒くなる。こうなったころがうまいのである。夏のものである。

シイラ

頭がおでこで、下あごの出た、こっけいな顔の魚だ。いつもは水っぽいので、フライか塩焼きで食べるぐらいのものだが、夏場には脂がのって、さしみででも食べられる。だいたいカマボコの原料である。

八月の魚

スズキ、アジ、アワビ、ウナギ、ドジョウ、カジキ、キハダ、シイラ、イサキ、コチ、イシダイ

スズキ

ブリと同じように出世魚で、小さいときはセイゴ、それからフッコ、体長が五十センチぐらいから以上になればスズキとなる。セイゴのときはちっともうまくなかったのが、フッコになり、スズキになると、見ちがえるほど美味になる。あらいが第一。さしみ、塩焼き、椀種にもよい。

アジ

四月から七月頃にかけてが産卵期で、この時期には陸地に近く、しかも海面を群泳しているので、素人にもおもしろいように釣れる。釣ったのをすぐセゴシにして二杯酢または

酢味噌で食べると、へたなタイのさしみなどはハダシだ。

産卵期は過ぎても、十月頃水が冷たくなってくると、脂がのっていちばんうまい時期になる。生まを塩焼きにしても、ひと塩の干物を焼いたのでも、酒のさかなによし、お惣菜にもよし、さんまやいわしの濃厚さに対して、淡白な大衆魚の王といっていいだろう。

アワビ

たいていの貝類は五、六月頃が産卵期なので夏場はまずくなるが、アワビだけは十一月頃が産卵期であるため、八、九月頃がいちばんうまい。

雌と雄があって軟かさがちがうから、使い道によってそれに合うのを買わなければならない。雄は肉が固くて歯切れがいいので、水貝に向く。貝殻の外面の青いのが雄である。雌は身が軟かだから、塩蒸し、ふくら煮などに向く。雌の貝殻は茶色がかった黄色をしている。

水貝にするときは、塩をふってタワシでこすると、いよいよみがしまって固くなり、歯切れがよくなる。反対に、やわらかにしたいと思うなら、大根でトントンとたたいてから茹でるとよい。別法として、ソバ粉または糠をまぶしてそのまま茹でてもよい。アワビの煮え加減というのはなかなかわかりにくいものだが、煮るときに大豆を入れておいて、これが軟かく煮えたときが頃合いだと思えばいいのである。

九月の魚

カマス、ボラ、ハゼ、アカエイ、アジ、タチウオ、イワシ、スズキ

カマス

関西から南のほうに多い魚だが、締まった白い身が一種さわやかな歯ごたえと風味をもっている。塩焼きが第一で、フライにもよい。煮てはまずい。これの干物は干物中の大関格だろう。肌が白くなっているのは塩からいから、淡いべっこう色の肌をしたものを選ぶとよい。

ボラ

ボラも、スズキやブリのような出世魚で、いちばん小さいときがオボコ、スバシリ、イナッコなどと呼ばれ、すこし大きくなってイナ、三十センチを越えるぐらいになったものをボラ、ボラが極度に大きくなって一メートル近くに達したものをトドと呼ぶ。「トドのつまり」という言葉は、これから出たものである。

ボラは泥を食って生きているので、胃の筋肉が非常に発達している。これがいわゆるボ

ラのヘソで、塩焼きにして食べると、一種シコシコした歯ごたえがあって実にうまい。こしらえるときは、これを捨てては損だ。ちょっと庖丁を入れると、ヘソが割れるから、中の砂袋をとり出せばいいのである。

ボラのうまい食べかたは、オボコ時代はセゴシのなます、イナ時代は味噌煮、ボラになったらさしみ、あらい、塩焼き、つけ焼きなどがよい。

カラスミはボラの胎卵に塩をし、圧しをかけて乾物にしたもので、なにしろ子持ちボラのとれるのは長崎附近しかないため、その味のよさよりも稀少価値のために、むかしからコノワタ、ウニと共に天下の三珍といわれていた。明治末期から戦前までは台湾北東部でつくられるものが入ってきていたが、戦後それも少なくなって、一腹（一対）数千円もするのは、おどろくよりほかはない。おそらくわが国の食品中最も高価なものであろう。

濃いべっこう色で、表面に斑点がなく、あまり大きくない十センチぐらいのものが最上品である。これを薄く切って、炭火で軽くあぶって口に入れると、香気が出、また蠟のように歯に着くこともなく、カラスミの味を最高に味わうことができる。

ハゼ

九月ごろのハゼは、型は小さいが、岸近くで子供にも容易に釣れるので、人気のある魚だ。大型のはさしみにできる。ウロコを落し、三枚におろして、皮をひいてから、細作りにする。または、背開きにして骨をとり、てんぷらにすると、一家揃って釣果《ちょうか》を楽しむことができる。たくさんとれ過ぎたら、竹串に刺し、こんがり焼くと保存しておける。甘露煮にしてもよい。主婦がこういうことを面倒がらずにやれば、生活をどれほど楽しいものにするかわからない。いや、ほんとうをいえば、釣ってきた主人が秋の夜長にコツコツとこうした作業をやると、いっそう味わいが深いものだ。

アカエイ

アカエイは胎生だが、九月ごろ子を生むために浅いところへやってくるために、よくとれる。ヌメリの多い魚だから、煮つけるときは味を濃い目にしたほうが、味がよい。また、味噌がよく合う魚で、味噌煮、味噌汁にするとうまい。ヒレは吸物の種によい。

タチウオ

関西から西の方に多い魚で、夏から新秋にかけて味がのる。皮作りのさしみ、塩焼き、照り焼き、酒蒸し、なんでもうまい。

イワシ

説明するまでもない大衆魚の一方の旗頭だ。一年中あまり味が変らないが、シュンといえばやはりいちばん脂ののった初秋の頃であろう。

イワシには、カタクチイワシ、マイワシ、ウルメイワシの三種があり、そのうちカタクチイワシはゴマメやオイル・サーディンなどに製造される小型のもので、その名のとおり上アゴが突出し、下アゴが引っ込んでいるのですぐわかる。マイワシは、横腹に一筋か二筋の点々があるので、これもすぐわかる。そのどちらでもないのがウルメイワシだ。生まで食ってうまいのは、マイワシ、ウルメイワシ、カタクチイワシの順、干物でうまいのはウルメイワシ、マイワシ、カタクチイワシの順だと覚えているとよい。

十月の魚

サバ、サンマ、イワシ、アジ、マグロ、ハゼ

いよいよ水が冷たくなるので、産卵期の関係とは別に、たいていの魚に脂がのってきてうまくなる季節だが、なかんずくサバとサンマが、十月の魚の代表といっていいだろう。

サバ

「秋サバは嫁に食わすな」という言葉もあるくらいに、この季節に味がのる。サバにはホ

ンサバとゴマサバと二種類あって、ゴマサバには腹の白い部分にゴマのような点々があるから、たやすく見分けがつく。うまいのは近海産のホンサバである。ゴマサバは産卵期が七月なので夏場は脂が落ちる。そのため干物にした場合脂焼けしないので「夏はゴマサバ」といわれているが、鮮魚としてはやはりまずいのである。「サバの生き腐れ」という言葉もあるとおり、きわめて自家分解の早い魚だから、背が青黒くて、縞がハッキリしているのを買うことだ。縞が灰色がかった青色になっているのは古い証拠である。

さしみにするなら、やはりシメサバにするのが安全である。三枚におろして、塩をして二、三十分おき、肉が締ってきたら、酢につけて、半日ぐらいおく。そうやってから毛抜きで小骨を抜くのがコツで、三枚におろしたばかりのときはなかなか抜きにくいものである。これはもちろん他の魚にも通用することである。

煮つけるなら、ショウガを入れて、砂糖のきいた味噌煮にするのが常識だ。なんでもそうだが、常識に従うのがうまく食べる秘訣である。ただ、そのとき味噌を酒とダシでゆるめると、常識以上の味が味わえる。

サンマ

前にも書いたので、省略する。ただ、買うときに気をつけるのは、アユの場合と同様にワタがサンマの値打ちの一つだから、腹の切れたものは敬遠することだ。焼くとき、脂が落ちていぶるのを防ぐには、塩をひとつかみ火に投げ入れるとよい。なお、食膳に出すときは、皮の表面に浮いた脂を古新聞紙に吸い取らせて出すこと。そうでないと、せっかくの脂もクド過ぎていやらしくなることもある。

十一月の魚

カキ、フグ、サンマ、サバ、イワシ、マグロ、コハダ、サケ、タラ、マス

カキ

フランスでは、綴りにRのない月のカキは食べてはいけないという俗言がある。まさにそのとおりで、五、六、七、八月のカキはまずさもまずし、あたりやすくもある。九月になれば食べられるようになるが、ほんとうの味は冬場である。十一月頃から二月頃までがシュンといってもいいだろう。

生まか酢ガキで食べるならあまり大きくない中位のもので、黒みの濃いカキを選ぶことだ。大きくて灰白色のものはフライ向きである。カキのよさは、あの磯くさいような香りにあるのだから、むき身を水洗いしたりするのは、せっかくの風味を捨ててしまうようなものだ。気になるなら、塩水でざっとゆすぐとよい。

酢ガキの場合は酢につけてから長くおかないことが肝腎で、熱を加える料理のときは、過ぎると固くなるから、やっと火が通ったぐらいのところで止めること。

カキ飯にしても、最初から炊きこまないで、飯が吹きあがって蒸らしの段階に入るときにカキや三つ葉を入れてしばらくおくのである。ついでだから、その炊きかたを述べると、飯は水加減をすこし少なめにし、塩と酒とで味をつけて炊く。カキは塩をし、三つ葉も刻んで用意しておき、前記のように、吹きあがったとき手早くそれを投げこむのである。

カキに合う調味料は、レモン、酢、ケチャップなど。

フグ

素人がこしらえるのは危険だが、かといって、料理屋に食べに行くと、おそろしく高くとられる。それで、もし出入りの魚屋が免状を持っているなら、それに頼んで下ごしらえをしたものを買ってくるとよい。家庭で食べるのにはチリ鍋が第一で、ザクはしゅんぎく、とうふ、しいたけなど、つけるのはだいたい酢、もみじおろし（大根に縦に庖丁を入れ、赤とうがらしを挟んでおろす）とさらしねぎ（できればワケギがよい）の薬味がつきものになっている。残りの汁に餅を入れて雑炊にするのも定石で、腹いっぱいになってからも、これをやるとまたいくらでも食べられるから不思議だ。

十二月の魚

サケ、タラ、カニ、マス、ヒラメ、カレイ、ブリ、アンコウ、フナ、マグロ、ホウボウ、コハダ、タコ、エビ

めぐりめぐって、だいたい一月の魚と同じものにかえった。だが、サケやタラは一月の魚というよりは、やはり十二月のものといいたい。また、越前ガニもこの月がシュンである。

サケ

十一月から十二月にかけて産卵のために川をのぼってくる頃のサケは、獲りたてをチャンコ鍋風に野菜とゴッタ煮にしても頬っぺたが落ちるものだが、内地に住んでいると、燻製とか粕漬とか塩ザケしか食べられない。その塩ザケすら、近年の漁獲制限のせいで、切身など紙のように薄くなってしまった。一尾買うとなると千円という字がつくので、大衆魚とはいえなくなってきている。一尾買うときは、ハナ先きが突き出て、口が大きく裂けたオスを買うのが得で、メスは産卵直前のためやせているし、味も落ちる。

タラ

アンコウと同じように「タラ腹食《ふく》う」貪食の魚であり、アンコウと同じように捨てるところなく食べられる魚である。肉、胃袋、白子、卵巣、それぞれにうまい。チリ鍋をするときは、魚屋に頼んで内臓とも一切こしらえてもらうとよい。ザクはとうふ、しゅんぎく、ねぎ、しいたけなどが合う。

カニ

夏場痩せてまずかったカニもこの季節になると、身がのってくる。それも、卵を抱いているメスがうまい。塩ゆでにし、二杯酢をつけてしゃぶり食うのがいちばんだが、茹でるとき気をつけるのは、カニに限って水から茹でることだ。熱湯に入れると、カニが暴れるので、脚が離れてしまう。もっと念を入れるなら、濃い塩水にカニを入れて、弱ったところを見すまして、十本の脚をワラでしばり、それから茹でるとよい。

カニの茹で加減はなかなかむつかしいもので、ゆで過ぎれば味が落ち、ゆで足りないと肉にしまりができない。茹で水（塩を少々入れたもの）が沸騰してから十五分から二十分ぐらいの間が適当である。

調味料

いまの若い人とてんぷらを食いにゆくと、たいてい材料のいかんにかかわらず、天つゆで食べる。そこで、エビを塩で食べてごらんと教えると、ほとんど例外なく、これは素晴らしいと舌鼓をうつ。

人間が原始生活を営んでいた頃の調味料といえば、もちろん塩だけだった。日本では、塩の次に、梅の実で酸っぱみをつけることを覚えたようだ。(あとになって、梅の実のかわりに、酒の酸敗したもの〈すなわち酢〉を使うようになった)。次に、魚の塩漬けから滲み出した汁が醱酵によっていい味を出すのを発見して、煮物の味つけなどに用いるようになり、それから味噌・醬油の中国よりの渡来となる——という具合に、文化が進んでくるにつれて、調味料もだんだん手の込んだものになってきた。

ところが、人工衛星が飛んでいるとかいないとかいう世の中になっても、調味料の王者はなんといっても塩だ。材料が新しくていいものだったら、たいていの場合塩で食べるのがいちばんうまい。肉類の焼いたのでも、じゃがいもやセルリのような野菜でも、焼き魚でも、フライやてんぷらでもそうだ。生まの魚はダメだろう――と思う人は、釣りにいったとき、アジなりキスなりをすぐワタをとり、海の水でジャブジャブやってセゴシにして食べてみるといい。また、海岸で生きたカキをとって海の水で洗って食べてみるといい。

てんぷらのような揚げものでも、塩で食べるのが、いちばん材料の味を生かすやりかただ。とりわけ、エビ、イカのような淡白なものはこれにかぎる。食塩に三割ぐらいの味の素を加えるとなおうまい。てんぷら屋で出す塩はたいていこうしてある。そのほかの野菜類だったら、大根おろしにこの食塩を加えたものをつけるのが通人のやりかただ。

とはいうものの、長い間その他もろもろの調味料を使い慣れてきたわれわれの舌は、塩ばかりでは満足しなくなっていることは事実だ。おなじ油で揚げたてんぷらでも、アナゴやギンポウのような濃厚なものになると、やっぱりてんつゆで食べたほうがうまいと感じるし、マグロのさしみには醬油、ナスのしぎ焼きには柚子味噌、フグにはポン酢、マカロニにはパルメザン・チーズがなければ承知しない。それだけ、味覚が複雑に、デリケートになってきたわけだ。

ところが、案外こうした調味料の相性を知らない人が多い。そして、せっかくの材料の味を、七割か八割にしか味わっていないことが多いのは、たいへん惜しいことだ。調味料とその使いかたをすこしばかり研究することは、うまい料理をつくる、そして食生活をグッと楽しくする近道だといっていい。

塩

味の王様

どんな複雑な、どんな進歩した調味料でも、その生命を握っているのは塩であり、また美味求真の徒がいろいろな調味料を遍歴したあげくに立ち帰ってる故郷も、またこの最も原始的な塩なのである。塩は調味料のＡでもあり、Ｚでもあるわけだ。

それは、たんに舌頭の感覚だけの問題でなく、塩が人間の生命と直接つながっているからであろう。汗が噴き出るそばからすぐ乾いてしまうような高熱の職場に働く工員などは、しょっちゅうヤカンの水を飲み、塩をなめながら働いている。身体の中の塩分がある程度以下になると、手足がひきつってブッ倒れて死んでしまうのだ。危篤の病人に打つ最後的な注射であるリンゲル氏液も、実は食塩水なのである。

こういう大切な塩であればこそ、その加減というものが味の上に決定的な作用をもたらすのである。たとえば、田舎の料理は塩辛いといってケナすのはもってのほかであって、農村の人は日に照らされ、汗を流して働くから、自然に多くの塩分を欲するのだ。だから、表面の「味」だけを対象にする場合でも、その料理を食べる人の生活環境を考えて、塩加減をするのが、最高の料理人だといわなければならない。

味の出る塩

さて、その塩だが、大きく分けて海塩と岩塩がある。そのほか、湖塩《こえん》、井塩《せいえん》のように、鹹水《かんすい》の湖や井戸の水からつくったものもあるけれど、量が少なくて問題にならない。また、精製の度合いによって、粗塩と精製塩とのちがいがある。

料理に使っていちばんいい味の出るのは岩塩である。何万年かの大むかしに、塩分を含んだ湖水が蒸発して塩の塊が残ったのが、地殻の変化によって地層や岩石の下に埋もれていたもので、その成分が自然の力によって純化されているからである。

かといって、薬用塩ほどに純化されると、また料理には使えないのであって、塩分のほかにいくらかの夾雑物がすこしばかり残っていたほうがいい味を出すわけである。ところが、粗塩となると、夾雑物が多過ぎて風味をそこなうことがあるので、岩塩の次位には精製塩をおきたい。しかし、漬物その他の塩蔵用には、粗塩のほうがいい味が出る。

料理の塩加減のことを、文字で説明することは不可能だから、やめる。ただ、「過ぎたる」より「やや及ばざる」程度がいいことは古今の鉄則だ。塩からくなり過ぎたものは、もうどうやってもあとへはもどらない。足りないものは、あとで足すことができる。正式の食卓でも、料理に食塩をかけ足すことはエチケットに反しないのである。すなわち、塩からさの程度の好みは、みずから選択する自由を与えられているわけだ。ここらあたりに、前述のような塩と生命とのつながりの強さが現われているようだ。

高橋義孝さんが『現代不作法読本』の中に、こんな話を書いておられる。

お若いとき大会社の老社長に西洋料理をごちそうになった。スープを吸ってみるとどうも塩気が足りないので、塩びんをとって、たくさん塩を入れた。すると、その老社長が、ほほう、君はずいぶん塩を入れるねといった。それが実に恥ずかしかった。いまでもそれが忘れられない。なぜ恥ずかしかったかというと、どうもそこがよくわからない。よくわからないのであるが、一体に香辛料を余計に用いるというのはなんとなく下卑ているような気もしなくはない——といった話である。

実に興味深く拝見した。ところで、私はその恥ずかしく感ずる原因をこう考えたい。前にも書いたように、汗を流すことの多い人は、多くの塩分を必要とする。また、刺戟の強い香辛料を余計に摂る。そこで、王朝時代や封建時代の貴族・王侯およびそれに準ずる階級の人間は、おおむね安逸な生活を送っていたので、自然と塩気の少ないのが好みになってきた。反対に、戦場往来の武士や働く庶民たちの食べものは、どうしても塩からくならざるを得なかった。こういう階級差による劣等感が、味の好みの上にも影を投げているのであろう。高橋さんの場合は、青年と老人との差であって、なおさら恥ずかしがる必要はないはずだが、やはり潜在意識の底にこうしたコンプレックスが残っているからなのだろう。

逆に、いまかりに、塩からいものを好む人を下品だとか、田舎者の好みだなどといってさげすむ人があったら、それは古臭い貴族趣味の持主として、笑ってやっていい。いまの世の中は、働く人間の世の中なのだから——。

塩の効能

さて、塩は、調味という役目のほかに、さまざまな効能を持っている。食品の貯蔵用に大切なことはもちろんだが、調理に際していろいろなテクニックにこれを使うのである。それを列挙してみよう。

焼きものの焦げるのを防ぐ。

アユやタイなどの塩焼きをするとき、ヒレに塩を塗るのは、ピンと立たせる目的もあるが、焦げたり、焼け落ちるのを防ぐ意味もある。

ローストビーフを焼くとき、最初に強い火で焼いて外側に壁をつくったら、こんどは水をかけた塩をベタベタ塗って、再びローストする。外側をそれ以上焦がさずに、火を肉の中心へ通すためである。

魚介類の下ごしらえのとき、うまみを逃さぬように洗う。

魚介類は真水で洗うと、うまみが多少逃げる。塩水で洗うと、外側の蛋白質が凝固してうすい膜をつくるから、それが防げる。

　魚類を茹でるとき熱湯に塩を加えたもので茹でると、身が締って、うまみも失われない。マカロニのような麺類を茹でるときも同様。

　洗うとき塩水を用いるのと、おなじ理くつである。


　魚を煮つけるとき、「立て塩」（水に一割ぐらいの塩を加えたもの）に五分から十分ぐらい浸けておいてから煮ると、煮崩れがしないし、魚と魚がくっつくこともない。

　これもやはりおなじ理くつである。この「立て塩」は、塩引きの魚をつくるときにも用いられる。なお、「立て塩」にダシ昆布をすこし入れ、昆布の成分が溶け出して水がトロリとした頃、魚のソギ身を十分から二十分ぐらい浸け、天日でさっと乾したものを「風干し」といって、通人の喜ぶ味である。火に軽くあぶって食べる。

　エビやカニは「立て塩」につけてから茹でると、色よくあがる。


　塩物の塩出しには、塩水を使うとよい。

　真水よりよく塩出しができるのである。これを「呼び塩」という。

　固い豆腐を煮るときは、ひとつまみの塩を入れると、軟かくなるし、スもたたない。

これも、豆腐の中の余分のニガリが呼び出されるからである。

カツオブシでだしを引くとき、火からおろしてすぐ漉せばいいが、上澄みをとるためにしばらくおくとダシガラがせっかく出したうまみをまた吸い取ってしまう。それを防ぐには、火からおろすとき、ちょっと塩をほうり込むとよい。

かといって、最初から塩を入れてはダシは出ない。理くつは前と同じである。

青い野菜は、熱湯に塩をすこし入れて茹でると、青々とした色にあがる。

サトイモなどを煮るとき、塩で揉むとヌメリがとれる。

他の調味料の味を引き立てる。酢も塩をすこし入れるとよくきき、砂糖も同様である。天然の味でも、トマト、西瓜、パパイヤ、夏みかんなどを食べるとき、すこし塩をつけると、甘みを呼び出すことは周知のとおりである。しかし、つけ過ぎると、夏みかんなどかえって酸っぱくなる。そういうちょっとした加減によってさまざまな作用をするのが塩の微妙さであって、いわゆる「塩加減」のむつかしさはそこにある。たとえば——

三杯酢は、本格的につくるならば、酢一、醤油一、酒一の割合に混ぜ、煮立たせて冷ましたものだが、略式として、砂糖一、みりん一、酢一、塩〇・二五の割合に（そしてその順序に）混ぜてつくる。この場合、もし甘みをもうすこし増したいと思ったら、砂糖を入れるかわりに、塩を二本指でつまんだ一つまみ入れると、甘みが呼び出される。もっと酸っぱくしたいと思ったら、塩を三本指でつまんだ一つまみ入れると、酸味が呼び出されるのである。

いずれにしても、塩は調味料中の主権者であり、独裁者であるともいってよいから、この独裁者を自由自在に動かすことができたら、天下をとったようなものだ。

醬油

もとをただせば中国から渡来してきたものだけれども、いまやすっかり日本の風土と生活に泌みつき、日本の調味料になってしまった。しかも、Soy という語は、普通の辞書にも必ず出ているほど世界的なものになってきている。

外国でこれを使うのは、生醬油をソースとしてものにかけるのがほとんどだが、醬油の使いかたとしてはそれが本来の道であって、日本人はかえってその事実に教わるところがなければならない。すなわち、醬油は加熱すればするほど味や香りのそこなわれるもので、日本の家庭でやっているように、何もかも醬油で煮るというのは下手なやりかたなのである。

さて、醬油には、アミノ酸醬油は別として、淡口、濃口、たまりの三種類がある。たまりはさしみなどにかける特別なもので、特別な場合にしか使わない。淡口は、煮物や汁物にあくどい色がつかずに美しくあがるので、関西方面で主に使われている。家庭でも、濃口と淡口を使い分けると、味覚の幅をひろげることができるわけだが、しいて淡口を使わなくても、塩の上手な活用によって、それと同様な効果を出すこともできる。

そこで、以下に述べることは淡口の醤油が基準になっていることを承知しておいていただきたい。

醤油を選ぶのには、有名会社の製品を買えばまずまちがいはないわけだけれども、地方には小醸造家がたくさんあり、さまざまな製品を出しているから、醤油の見分けかたを一応心得ておくのもムダではないだろう。

色　沢

コップに醤油をすこし入れて、その三倍程度の水を加えて、透かして見る。紅色がかった褐色で、透明感のあるものは優良品であり、黄色がかったり、黒ずんだ褐色で不透明な感じのものは下等品である。

白い皿にすこし入れて、一度傾けてからもとへもどしてみる。そのとき、醤油の流れかたに重みと粘りがあり、美しい紅褐色が比較的長く残るものは上等である。

味

口にすこし含んでみて、ごく柔かな鹹《から》みが感じられるものがよい。砂糖のような甘さや、刺すような鹹さのあるものはよくない。それから、静かに舌を動かして口の中全体に味がゆきわたったとき、吐き出す。そのあとにも、舌の先にうまみが残っているものがよいので、舌の縁のへんに酸味が感じられたり、奥のほうに苦みが残るようなものはよくない。

香り

文字には現わし難いが、さわやかないい香りのあるものが上等である。

エキス分

うまみのもとであるエキス分の多いのが優良品だが、これはコップに水を張ってそれにすこし落してみるとよい。いい醬油はあまりひろがらずに沈んでゆくが、よくない醬油はすぐ水に溶解してひろがってゆく。(ただし、淡口醬油は品質の良否にかかわらず、水に溶解しやすい。つまりエキス分が少なく、単味であることが淡口の特色の一つであるから――)。

醤油の使いかたのコツ

直煮《じかに》の場合、はじめから醤油を入れてはいけない。

れんこん、いも、ごぼう、たけのこのような野菜の場合は、はじめから醤油を入れると火の通りがおそくなり、醤油の不経済でもあり、煮上がりが黒ずんで美しくなく、醤油の芳香が少なくなる。砂糖やみりんで味つけして、最後に醤油を入れてさっとひと煮立ちさせるとよい味に煮上がるのである。また、肉類のときは、以上のほかに、身を引き締めて硬くするという損失が加わる。それで、すき焼のときは、最初は砂糖だけで煮るとよい。砂糖は滲透圧を高くする性質があるから、肉が早く軟かく煮える。そして、肉の色がすっかり変った頃合いを見て、醤油を入れるとよいのである。

吸いものと醤油

おすましは、塩味にして、火からおろすまぎわに醤油をすこし加える（分量は淡口と濃口でちがうが、ほんの香りをつける程度と考えればよい）。醤油が多すぎると下品な味になり、醤油を入れてから煮ると渋みが出る。

照り焼きのタレ

ウナギのところで述べたように、醤油とみりんを半々にまぜ、沸騰しない程度に温めてから冷ましたものを使うのが本格的である。焼く場合も、醤油にはできるかぎり加熱を少なくするという原則を守って、材料を白焼きにしてから最後にタレをつけることである。

化粧ダレ

すし屋が、アナゴなどの上にハケで塗って出すあのタレは、醬油約二デシリットルに砂糖二〇〇グラムを加えてトロリとするまで煮詰めたものである。本来の醬油の味は、大部分失われているので、別の調味料（一種のソース）と思ったほうがいい。

つくだ煮

これも徹底的に煮詰めるやりかただから、醬油本来の味はあらかた失われるが、煮詰める目的が味のためより保存のためなのだから、仕方がない。それでも、砂糖の甘さとよく調和して、いい味わいを残している。つくだ煮の煮汁は、淡口の醬油二リットルに砂糖四〇〇グラム程度を混ぜたもので、光沢をよくしようと思えば、それにみりんを適当に加えるとよい。なお、小魚などをつくだ煮にする場合は、いったん濃い塩水に浸けておいて、表面の蛋白質を凝固させてから煮ると、くっつき合うことがない。

酢

いわゆる文化生活が進んでくるにつれて、酸っぱみに対する嗜好はだんだん後退してくるのではないかと考えられる。大むかしは、塩と梅の実、すなわち鹹味《かんみ》と酸味《さんみ》だけでもののを味付けしていた（塩梅《あんばい》という言葉もそこから生まれた）ぐらいだったのが、いまでは「酢のもの」や「すし」ぐらいのものになり、近頃の若い人たちはほとんど自ら好んで酸っぱいものを要求することは少なくなってきた。もっとも、南国の人は非常に酢の味が好きで、魚介類は醬油で食うより二杯酢や酢味噌で食うのを好み、菜っ葉の漬物にもほとんど醬油と酢をかけるようだ。気候が暑いと、「食欲を増し」、「口中を爽かにする」という二つの作用を持つ酢を自然に要求するのであろう。

酢のこの二つの作用は、東西を問わずいわゆる「ご馳走」にはぜひ必要なもので、献立の中に一つか二つは酢で調味したものを加えることが定石である。西洋料理におけるサラダやピックルスの類、日本料理における酢のもの、中国料理における「涼拌《リャンパス》（××の酢和え）」という名のつく料理や「醃油《イエヌユウ》（××の酢油漬）」という漬物などがそれである。その場合、酢を使った料理は、ほかのコッテリした料理の中間に出すべきで、それによって口の中をすっきりさせて、新しい食欲を起させなければならない。前菜として酢の味の強いものを出すのは下手なやりかたで、特にスープや吸いもののようなデリケートな味を尊ぶものの前に出すと、酢の刺戟でやや麻痺加減になった舌は、せっかく苦心した味を充分味わうことができないからである。

なお酢は油の消化を助けるもので、フライにレモンの搾り汁をかけるのにはそういう理由もあるのだ。それで、中国料理店のテーブルには必ず酢の瓶が出してある。ギョウザをつける醬油にちょっぴり加えたり、ラーメンのおつゆにすこし振り込むと、味わいも複雑になり、口もさっぱりするものだ。

さて、一口に酢といっても、いろいろな種類があり、理想をいえばいく種類かを（少なくとも二種類は）使い分けたいものである。すなわち、日本料理には、やや甘みのある米《よね》酢《ず》か酒酢もしくは粕酢、西洋料理のサラダ・ドレッシングやマヨネーズには、酸味の強い西洋酢を用いなければ、ほんとうの味は得られない。

米酢は、白米と米麴からつくるもので、色は極めて淡い黄色で、味も香りもよく、最上等の酢である。関西ずしや料亭の料理に用いられる。

酒酢は、出来損いまたは腐りかけの日本酒を転用してつくったもので、米酢につぐ優良品である。色はほとんど米酢と変りがないが、風味がやや劣る。

粕酢は、酒粕を原料とするもので、米酢や酒酢の上品さはないが、味にもコクがあり、香りもよいので、たいていの料理にはこれが向く。色は赤みの濃いものと淡いものがあり、前者は江戸前のすしに、後者は飯や料理に色のつくのを避ける場合に用いられる。

合成酢は、醋酸《さくさん》に味つけしたもので、薄めて用いるのだが、酸味のみが強くて醸造酢特有の甘味がないので、日本料理には向かない。酢とはいっても、その中に含まれる一抹の甘みはぜひ必要で、おもしろいことに鹿児島の方言では酢のことを「あまん（甘醸）」というほどである。

西洋酢は、フランスでは葡萄、ドイツではじゃがいも、英国は麦芽、アメリカではリンゴと、それぞれお国風の原料から作られている。中国では、高粱《こうりゃん》が原料となっている。そのうち、イギリスの麦芽酢だけは日本の食酢に風味が似ているが、あとはやはり西洋風で、日本料理には向かない。

酢の良否の見分けかた

濁りや沈澱物《ちんでんぶつ》やカビのあるものは、むろんいけない。よく澄んで、透明で美しい色をしたものでなければならない。

すこしばかり舌の上に含んでみて、水っぽい味がするものや、反対に刺すような酸っぱみのあるものはいけない。酸味がやわらかく舌に当たり、それに甘味が感じられるのがいい酢である。ただし、それを飲みこんだあとに、イヤな甘みが舌に残るのは人工甘味料を使った下等品である。

合せ酢のつくりかた

主な合せ酢のつくりかたを列記しておく。これは、むろん基本的な処方であって、酢の酸度の強弱や材料によっていろいろ手加減しなければならないことは、むろんである。たとえば、強い塩のしてある魚には酢の量を控えめにし、その反対の場合は醬油か塩をやや強くする。また、魚の場合は塩を心持ち多くして醬油をやや少なく調合し、貝類の場合はその反対の気持でつくると、材料によく合うのである。なお、どの場合でも味の素を少々加えることはもちろんである。

二杯酢

酢一、醬油一、だし一・五の割に混ぜる。えび、かに、たこ、その他魚類一般に向く。

三杯酢

酢一、醬油一、酒一の割合に混ぜ、煮立たせてから冷ます。即席には、酢一、砂糖一、みりん一、塩〇・二五の割に混ぜる。

たいていの酢のものに合う。特に、下ごしらえに塩味か酸味のつけてあるものは、二杯酢よりこちらのほうが向く。

ポン酢

「ポンス」というのはオランダ語で「木醋」のことだそうだが、フランス語の「セルジュ」が「セル地」になったのと同じデンで「ポン酢」という日本語になってしまった。

橙（なければ青い柚子、レモンなど）を二つに切って汁をしぼる。そのとき注意することは、いっぺんキューッと搾ったら、二度と搾らないこと。皮の苦みが出るからだ。汁をよく出す方法としては、二つ切りにし、切り口の周囲の何カ所かに縦にすこし庖丁を入れてから搾るとよい。

そうしてとった橙酢一、醤油一・二ぐらいの割合に混ぜる。タマリがあれば、醤油は一にして、タマリを〇・二ぐらい加える。

酢ガキ、ふぐさし、なまこなどに向く。

中国風甘酢

くらげの酢のものなどにかけてあるものである。酢一・二、砂糖一、湯二を合せて火にかけ、ひと煮立ちしたらおろして冷まし、それに胡麻油（ゴマを炒ってから搾った中国風の胡麻油）をすこし落して香りをつける。

フレンチ・ドレッシング

オリーヴ油二、酢一、塩（油と酢の合せたもの二デシリットルに対して茶さじ一杯半ぐらい）、胡椒（塩の三分の一）を、よく混ぜ合わせて冷すとよい。そして、使う直前によく振り混ぜること。

これに、パセリとピーマンのみじん切りを入れたり、パルメザン・チーズを加えたり、使う直前に生クリームを混ぜ合せたり、いろいろなバリエーションが作れることは、日本の青酢（ほうれん草やタデを擂って加える）、黒酢（焼いた昆布を擂り潰して混ぜる）などと同様である。日本の黄身酢、西洋のマヨネーズとなると、少々複雑だから、つくりかたはしかるべき料理書で見ていただきたい。

味噌

これも醬油と同様にもとは中国から渡来したものだが、すっかり日本の調味料になりきってしまった。現在でも田舎に行けばそうだが、わずか四、五十年前までは、地方の都市でも、相当な家になれば自家で味噌をつくったものだった。そして、それぞれお家風の味噌の味というものがあった。ましてや、地方別による味噌の製法と味わいの差というものは、他の調味料には見られぬほど画然たるものがあった。幸いなことに、現在でもその差別は市販の味噌にハッキリ残っていて、いながらにしていろいろな味噌の味と香りを味わうことができるのである。

ところが、たいていの家庭では味噌の味に対して関心が薄いようだ。コーヒーのことになると、やれモカだ、ジャズだ、コロンビアだ、ブラジルだと大騒ぎをし、自家独特のミックスなどをつくって楽しんでいる人が多いのに、毎朝の味噌汁に血道をあげている人が少ないのは、おかしいような気がする。味噌汁も、単味より二、三種ミックスしたほうがずっとうまいのである。そう高価なものではなし、いろいろ取り揃えておいて朝毎にミックスの処方を変えたり、あるときはひと色の味噌の味をじっくり味わってみたりしたら、どんなに朝の食卓が楽しくなるか測り知れぬものがあるのだ。健全な食道楽として、ぜひお勧めしたいことである。

さて、味噌の種類には、産地による分けかた、辛《から》さの度合いによる分けかた、色による分けかたがあるが、「赤ミソ」「白ミソ」「相白《あいじろ》ミソ」という色による分けかたがいちばん普通である。それに黒い味噌（これは黒味噌とはいわず、原料によって「豆ミソ」と呼ぶ）が加わって、四種類になる。

白ミソ

原料に米麹が大豆の二倍半も使われる（赤ミソは逆に大豆が米麹の約二倍）ので、色が白く、味は甘く、麹の香りがプーンとして、上品なものである。だが、毎朝これの味噌汁を食べた日には、すぐ飽きがきてしまうだろう。やはり、たまに食べる味噌である。汁の実は野菜やもどした乾物類がよく合う。

白味噌の汁をつくるとき気をつけることは、よく摺ってから漉すことである。玄人は汁の中に麹の粒の残ることを「星が出る」といって嫌うが、この星が出なくなるまで摺らないと白味噌の甘味は呼び出されないからである。

相白味噌

静岡地方で出来る味噌で、全国的にはあまり知られていないが、色はその名のとおり赤味噌と白味噌の中間、味は中間よりどちらかといえば白味噌に近いもので、単味として用いるのにはなかなかいいものである。

赤味噌

仙台味噌は、麦麹を使った「麦味噌」の代表的なものである。鹹《から》さも、うま味も、風味も濃厚で、いわゆる「田舎味噌」の野性的な、健康的なものを百パーセント持っている。夏の食欲の衰えがちなときには、これにかぎる。

江戸味噌は、色は赤いけれども、米麹を使ってあるので甘味が強い。そのため、信州味噌の淡白ですっきりした味におされて、だんだん用いられなくなってきている。

信州味噌は、東京の家庭でいちばん多く使っている味噌である。美しい黄金色をしているし、味も香りもあっさりしているので、現代の都会人の好みによく合っているわけだ。

なお、味の鹹くて濃い赤味噌の実は、どちらかといえば魚貝類が合う。

豆ミソ

大豆の麹を使うもので、その名のとおり豆だけでつくる味噌である。八丁味噌がその代表的なもの。黒褐色の色合いと味のくどいほどの濃厚さが当世風ではないので、日々の用には向かないが、ときどきこれの汁を吸うと、うまいコーヒーを飲むのに似た豊満な味覚を覚えるのだ。信州味噌や相白ミソなどにミックスしても、いい風味が味わえる。

値段が高いといってもタカがしれている。保存はものすごくきくから、すこしばかり常備しておいて、舌の楽しみにするとよい。

味噌汁をつくるコツ

ダシはカツオブシがいちばん合う。湯がグラグラ沸いたら、けずりたてのカツオブシを入れ、サッとかきまぜる。浮きあがったアブクをすくいとり、カツオブシが底に沈むのを見すまして、火からおろす。そして、すぐに布でこす。

このダシで実を煮て、実に火が通ったところで味噌を入れ、中火でゆるりと煮て、煮立ちかかったときに火からおろすのがコツだ。だが、それはほんものの味噌の場合で、早作りの味噌だったら、やっぱりサッとひと煮立ちさせたほうがよい。いずれにしても、味噌を入れてからグラグラ煮立てたり、タイミングを誤まって、いったん冷えたものを温めなおすようなことは、厳に戒しむべきである。

家庭の都合によって朝飯が二回か三回に分かれるうちがよくある。そのときは、ダシと実を別にしておく（タケノコ、イモ、ダイコンのようにすぐ煮えないものは、いっしょに煮たものを冷ましておくとよい）。そして、第二回、第三回目に食事をする人は、その度毎にこれを温めて、そのとき味噌を入れることである。面倒なようだが、やってみるとたいした手数ではない。どうせ、温め直すにしても、鍋を火にかけたり、おろしたりするのだから、おろし間際に、取り分けておいた味噌を入れればよいわけだ。

砂糖

ほとんどの家庭で白砂糖を使うようになったので、種類の説明は必要あるまい。また、品質の見分けかたも、輸入や精製がたいてい大メーカーだから、信用していていいと思う。だが、知識としては知っていても損はないだろう。

色がまっ白で、サラリとして結晶の大きさが揃っているのがよい。ただし、ひどくサラリとして粒の細かいのは食卓用で、料理には効きがわるい。砂糖というものは、精製の度が低いほど甘みが強いということを心得て、目的に応じて使い分けるのが経済的にいって賢明である。家庭の惣菜用の煮物にはザラメが徳用なのである。

計り売りの砂糖に澱粉を混ぜる不正商人が稀にある。都会では、お客の商品に対する監視や批判が相当厳しいから、そんなこともあるまいが、田舎の人はノンキだから、農山漁村の商店なんかでは往々にしてこんなことがある。(ほかの商品にも共通のこと)。

コップに砂糖を入れて湯を注いでみる。まったく溶解して透明になれば純粋だが、澱粉がまじっていると、底に白いものが沈んで残る。ヨードチンキをすこしたらしてみてもよい。澱粉がまじっていると、青紫色になる。これは牛乳にも応用できる。

砂糖のつかいかた

料理にはなるべく砂糖を使わないこと――これを原則と心得ていなければならない。材料のもつ自然の甘みを生かすのが料理の大道である。甘味をもっていないものには、他の材料をいっしょに調理することによって自然の甘みをつけるのである。野菜はたいてい甘味をもっており、大根の類は特に多い。だから、肉類や魚類も、野菜といっしょに煮込むことによって奥床しい甘みをもつようになる。ましてや、野菜そのものを煮るのに、砂糖を使うなどは邪道中の邪道である。

魚介類の料理に使うときは、なまぐさみの強いものには、なるべく砂糖を少なくすることである。だから、川魚などを煮るときには使わないほうがよい。海の魚でなまぐさみの少ない淡白なものには、すこしは多く使ってもさしつかえない。

砂糖を割合多く使うものは、乾物類である。かんぴょう、しいたけ、高野どうふなど。特に豆類を煮るときはどうしても多くの砂糖が必要である。

砂糖の特性のひとつとして、蛋白質の熱凝固点を高くさせる。やさしくいえば、ある程度高い熱を加えても肉類などが硬くならないということだ。もうひとつ、汁の滲透圧を高くする作用があるから、豆、肉、野菜類の中の水分を呼び出してしまう。それだから、早く軟かに煮えるのである。

前にも書いたように、すき焼きのとき最初肉を砂糖だけで炒め焼きするのがいいことは、この二つの理由からであり、中肉、並肉をすき焼きにするときは、この方法を用いるとよい。ついでだが、すき焼きのとき、早くシラタキ（糸こんにゃく）を入れると肉が硬くなるのは、シラタキの中の石灰分が蛋白質を凝固させるからである。

むかしから、「味つけはサ、シ、ス、セの順にせよ」という言葉がある。サは砂糖、シは塩、スは酢、セは醤油のことである。洋風の料理にはいろいろなソースを使うが、それはたいていの場合最後の段階であるから、現代においては「味つけはサ、シ、ス、セ、ソの順にすべし」と改訂してもいいだろう。

ソース

ソースのことを書き出すと、キリがなくなるから、ほんの概略だけ述べる。

ソースはフランス料理の神髄ともいえる大切なものである。フランス料理の神髄といえば、すなわち西洋料理の神髄ということになる。

巻頭にも述べたように、ソースには何百という種類があるが、そのうち主なものを四、五種類マスターすれば、家庭の洋食をたちまち本格的料理に近いものに引き上げることだろう。主なもの四、五種というのは、次のようなものである。

白いソース

ソース・ベシャメル（牛乳でつくったソース）

ソース・ヴルーテ（こうし肉などからとった白いダシでつくったソース）

これらに野菜やクリームや魚などが加味されて、たくさんのバリエーションができるが、一般に白いソースは、魚料理、鳥料理、卵料理に合うものである。鳥料理には少なめに、魚や卵の料理にはたっぷりかけること。

茶色のソース

ソース・エスパニョル（肉のダシからとった、とび色のソース）

ソース・ドミグラス（ソース・エスパニョルを煮つめたドロドロのもの）

ソース・トマーテ（トマト・ソース。塩味だけのトマト・ピューレーと、それに砂糖や香辛料で濃く味をつけたケチャップがある。料理には前者を使ったほうがよく、後者は主として食卓用である）

茶色のソースは、肉の料理や揚げものに合う。かけかたは、肉の上に帯をかけたように、少なめにかけるのである。

黄色のソース

ソース・マヨネーズ（酢と油と卵でつくったソース）
ソース・メートルドーテル（バタとパセリを主としてつくったソース）
ソース・オーランディズ（バタと卵の黄身を主としてつくったソース）

黄色のソースは野菜に合う。かけかたは、充分たっぷりかけることである。

ウスターソースは、日本人の嗜好にいちばん合うもので、学生などは、ドミグラスがかかっていようが、ひどいのになるとマヨネーズがかかっていようが、その上からドブドブかけて食べる。料理した側にとっては情ないことだが、極度に鹹いものや辛いものを要求する年頃なのだから、いちがいに非難するわけにもいかない。そのうちに、年をとるにつれてだんだんものの味がわかってくるのだから、黙って眺めているよりほか手はない。

中国のソース

なお、中国には、特殊なソースがある。料理人がかくし調味料として使うもので。これらを上手に使うと、グッと味を引き立てる。本格的な風味をつけるコツである。

蝦滷《シャルウ》（広東ではハムハーという。小えびの塩漬。実も汁もいっしょに用いる）
蝦油《シャユウ》（小えびのショッツル。小えびを濃い塩水につけ、それを太陽熱にさらして醗酵させた上

澄液）
蝦醤《シャチャン》（小えびを細かく刻んだものを塩で漬け、醗酵させて味噌のようにしたもの。わが国の柳川にも、これに似たガニミソというのがある）
蠔油《ハオユウ》（カキの塩辛）
なお、西洋のソースにも、ヒシコイワシのすり身をのばしてつくったアンチョビ・ソースがある。サケ、マス、カレイなどの料理にかけて賞味される。

みりん・酒

みりんと酒はどちらもアルコール分があるから、同じようなものだと思って、漫然と同じ目的に使う人もあるが、それはまちがいだ。両方の性質をよくわきまえて、それぞれ使い分けなければいけない。

みりんは、蒸したもち米と米麴を焼酎で仕込み、一、二ヵ月後に熟成したものを漉したもので、アルコール分が十度から十五度、糖分は二〇%から三〇%ある。みりんの目的の大部分は、その豊富な糖分によって上品な甘みをつけることと、焼きものなどの肌に美しいつやを出すことにある。肌につやが出るのは、みりん自体のテリもあるけれども、みりんが肉質を引き締めて肌を緊密にする作用をもっていることも、大きな理由なのである。

だから、肉質が締まって硬くなってはこまる材料を煮るときなどに、みりんを使うのはまちがいなのである。

酒を料理に使う主な目的は、料理の口ざわりを軽くし、高雅な風味を添えることにある。そして、副次的な作用として、肉質を軟かにする性質がある。だから、獣肉類や貝類のような比較的硬いものを調理するときは最初から酒を入れ、カレイのような軟かい魚などを煮るときは、最初はみりん・醬油・砂糖で煮てから、最後に酒を入れるようにしなければならない。


フランス料理には、酒を非常によく使う。オードーブルから、スープ、ソース、獣肉の料理、魚の料理、鳥の料理、卵の料理、野菜の料理まで酒を使う。酒を使うか使わぬかが、本格的な料理と惣菜料理との分かれ目になるといえないこともない。家庭における料理でも、たまには安い葡萄酒でもおごって、ちょっぴりぜいたくな気分にひたってみるのもわるくないものだ。一年中「経済々々」「栄養々々」と合理性ばかりを追っかけていては、人間の精神は乾からびてしまう。

フランス料理の酒の使いかたについては、一口に説明してしまうことは、とうてい不可能なので、ここにいろいろな料理に使う実例を思いついたままズラリと並べてみよう。そうすればどういう使いかたをするかがおのずから解ってもらえることと思う。まあ、西洋映画の料理のシーンでも見ているつもりで、気楽に読んでもらいたい。

オードーブル

カナッペ・ア・ラ・ダノアズ

黒パンを三、四ミリの厚さに切り、レイフォル（辛大根）を加えたバタを塗り、次に薄い切身にした燻製のサケの上身と、白葡萄酒に漬けてよく汁気を切ったニシンの上身の二種を、バタを塗った上に重ねならべ、さらにその上にキャビアを盛り延べ、よく切れる楕円形の抜き型でうち抜く。

ムロン・コクタイユ

適度に熟したメロンの肉を一センチぐらいの角形に切り、鉢に入れて砂糖をふりかけ、好みに応じてマラスカン、キルチ、シャンパン、または白葡萄酒、ポルト酒のうちの一種を注ぎ入れて約十五分ぐらい浸し、充分氷で冷やしてから出す。

ルージュ・オー・サフラン

甘鯛のごく小さいものを選び、三枚におろして塩をふり、バタを塗ったテンパンの中に並べ、甘鯛の高さと同じ深さに白葡萄酒を注ぎ入れて浸し、トマトの果肉とパセリのみじん切り、タイム、ローリエ、にんにく、粒胡椒およびサフランを加え、静かに煮立てて火からおろし、そのまま冷まして器に盛り、マリナド（漬け込み用の香味液汁——次頁を参照）をかけて冷蔵し、よく冷えてから出す。

ソース

ソース・ア・ラ・ディアブル

白葡萄酒三デシリットルに、エシャロト（冬ネギの一種）のみじん切りを加えて三分の二に煮つめ、それにソース・ドミグラス二デシリットルを加えて約十五分間煮つづけたのち、塩味をととのえ、カイヤン（唐辛子）で強く辛味をつける。

ソース・サルミ

野鳥類の胴殻および足、翼端などと、ニンジン、玉ネギ、セルリの薄く切ったもの約一五〇グラムに、タイムとローリエ少量ずつを混ぜてバタ一五〇グラムで胴殻などがカラカラになるまで炒め、白葡萄酒三デシリットルを注ぎ入れてそれが三分の二になるまで煮詰めてのち、臼に入れてつき砕き、力を入れて裏漉しにかけ、漉して取ったものに赤葡萄酒およびポルト酒二デシリットルずつとソース・ドミグラス二デシリットルを加えて煮立たせ、浮き脂をとり去り、火をトロ火に直し、さらにていねいに浮き脂をとりながら約一時間ぐらい煮つづけて、かなり煮つまったものを別の鍋に漉しとり、再び煮立ててバタ八〇グラムをすこしずつ加え、静かにかきまわして光沢をつけ、塩味をととのえる。

マリナド

マリナドというのは、肉類に香味を含ませるため、またはそれと同時に肉を柔かにするため、あるいは肉類を保存したりする目的で漬けこむ香味液汁である。

マリナド・アンスタンタネ

一夜漬けの液汁で、いろいろな方法があるがその一つ（こうし肉、ジビエのヒレ、ハム、ベーコンなどを漬けこむためのもの）は、それらの肉を塩と胡椒で適宜に調味しておき、別に白葡萄酒三、ブランデー三、オリーブ油一の割合で合わせた一リットルの液汁に、ニンジン一二〇グラム、セルリ八〇グラム、エシャロト八〇グラム、パセリ五本を粗ら刻みしたものにタイムとローリエ少量ずつを加えて、それに肉を漬けこむ。そして、マリナドが平均に浸みこむようにたびたび漬け肉をかきまぜて上下を入れかえるのである。

ファルス

ファルスというのは、もともと詰めものという意味で、肉類や、魚類や、野菜類をひき潰したものをいう。詰め物に使うだけでなく、附け合わせの料理によく用いられるものである。

ファルス・グラタン

鍋に、バタ五〇グラムを入れて強火にかけ、その中へベーコン三〇〇グラムを小さい賽の目に切ったものを入れて炒め、炒めあがったならバタを切ってベーコンだけを引きあげておき、そのあとへこうし肉三〇〇グラムを大きな賽の目に切ったものを入れてざっと炒めてまた引きあげておく。次にバタ五〇グラムを足し、いっそう火力を強めて、こうしの肝臓三〇〇グラムを大きな賽の目に切ったものを炒め、それが炒めあがったら鍋を火からおろし、前に炒めておいたベーコンとこうし肉をもどし入れ、エシャロト四個を刻んだもの、シャンピニオンの切り屑四〇グラム、トリュッフ三〇〇グラム、ローリエ半枚、タイム一枝を加えて、再び約二分間炒める。

こうして炒めあがったもの全部を別の器に移しておき、その空鍋の中にマデール酒一デシ半を注ぎ入れ、それがブツブツいってくるまで煮詰めて火からおろしておく。そして、前に炒めておいたもの全部を臼に入れ、バタ五〇グラムを加えてつき潰し、それに卵の黄身一個分ずつ入れてつき混ぜながら六個を加え、全部つき混ぜてから、ソース・エスパニョルと先に煮詰めておいたマデール酒を加え、さらによくつき混ぜて、裏漉しにかけて漉し取って仕上げる。

魚の料理

アジ・ア・ラ・マルセイエズ

アジを三枚におろして、上身の皮の面に軽く塩をふり、しばらくねかしておいて皮をはぎとり、形を切りととのえて、バタを塗ったテンパンの上にならべる。別にポロ（ニラの一種）、ニンジン、玉ネギおよびキャベツおのおの八〇グラムずつをせん切りにしてバタで炒め、それに粗く刻んで高熱のバタで炒めたトマトの果肉三〇〇グラムを加え、サフランを加味して混ぜ合わせたものを、アジの上に平均に盛り添え、それに白葡萄酒一合をそそぎかけ、オーヴンに入れて茹で煮する。出来上がったら、熱い皿に盛りつけ、その煮汁に魚のグラス一さじとレモン四分の一個分の搾り汁を加えて仕上げたものをかけて出す。

イセエビ・ア・ラ・フランセーズ

イセエビの胴を三つずつ筒切りにして、軽く塩と胡椒とカイヤン（唐辛子）をふりかけ、高熱のバタで殻が真っ赤になるまで炒めたら、白葡萄酒二デシリットルとシャンパン〇・五デシリットルを注ぐ。それに、バタで炒めてコンソメで煮あげたニンジンと玉ネギのせん切りをエビ一尾につき大さじ二杯、細かく刻んだパセリを一とつまみ、魚のフュメ大さじ六杯を加え、鍋に蓋をして十五分間ぐらい煮て、殻つきのまま洋皿に盛り、煮汁に魚のヴルウテ（一種のダシ）大さじ二杯を混ぜ合わせ、バタ一〇〇グラムをすこしずつ加えて仕上げたものを注いで出す。

卵の料理

ウーフ・ア・ラ・ブールニョン

赤葡萄酒一リットルに強く香味料を加えて煮立てて布で漉し、さらに半分に煮つめて火のそばに引き、バタ五〇グラムを加えてよく混ぜ合わせて仕上げたソースを、茹で卵または半熟卵をパンのクルート（パンでつくった一種の皮）に入れたものの上にかけて出す。

獣肉の料理

ラング・ド・ブーフ・ア・ラルザシアン

軽く塩漬けされた牛の舌肉を塩抜き（約二十〜三十時間水にさらす）して、茹でて皮をはがし、マデール酒とソース・エスパニョルで煮上げ、一センチぐらいの厚さに切り出して長皿に盛りつけ、別にせん切りにし白葡萄酒で煮上げたキャベツを附け合わせ、煮汁を布で漉して、適度に煮詰め、バタでモンテして仕上げたソース（ソースの仕上がる際に、ソースをかきまぜながらバタをすこしずつ加えてゆく方法をモンテという）を充分にかけて出す。

野菜の料理

ナスビ・オー・ヴァン・ブラン

小さいナスを、軸を格好よくつけたまま皮をむき、別にバタでミルポアを炒めた中に入れて強火で炒め、白葡萄酒とこうしのフォン（だし）同量ずつをとってナスが浸かるだけ注ぎ入れ、蓋をして一度火の上で煮立たせてからオーヴンに入れてごく軟かくなるように煮込む。

そして、ナスだけ別の器にとって冷めないようにしておき、煮汁を煮詰めて濃いクリームを加え、卵の黄身でつなぎ、塩味をととのえ、レモンの汁を搾りこんで軽い酸味のソースに仕上げる。前のナスを洋皿に盛りこんだら、そのソースを充分にかけ、刻んだパセリを美しくふりかけて出す。

ミルポアというのは、ニンジン一二〇グラム、玉ネギ一二〇グラム、セルリ四〇グラム、ベーコンの一〇〇グラムを、それぞれ賽の目切りにしたものにローリエ一枚、タイム一枝を加えて、バタ一〇〇グラムで炒め、ブイヨン（スープストック）で煮込んで、煮上がったものにマデール酒を半瓶加えて適当に煮詰めたもの。

以上は専門家の料理だから、どれを見てもたいへん手数のかかるものだが、これらから酒類を西洋料理に使うやりかたをくみ取って、もっと簡単な料理に応用すればよいのである。きっと、食生活に新しい世界を見出されることであろう。

油脂

むかしの日本人は油っこいものがきらいだったので、日本料理では油の使いかたがあまり発達していない。てんぷらにしても、江戸時代にポルトガル人かオランダ人かが長崎へもってきた西洋料理なのである。(常温で液体をしているものを「油」、固体になっているものを「脂」と呼んでいるが、ここでは面倒だから「油」でアブラを代表させることにする)。

油そのものがうまく、種類が多く、そして使いみちも非常に広いのは、なんといっても西欧である。使う油の種類は二、三種でも、いろいろな目的に巧みに使い分けるのは、中国である。

西洋料理に使う油といえば——

バタ

あらゆる油のうちで最高のものといえるだろう。ものを炒めたり、揚げたり、出来上がったものに潤いと味と香りをつけたり、菓子のようなもの全体に味と香りをつけたり、さまざまに使われる。その選びかたについては、一〇三頁に書いた。

シュイート

牛や羊の腎臓のまわりや腰部からとれる固くて白い、きれいな脂肪である。

ラード　ヘット

豚の脂身をトロ火で熱して脂肪を滲み出させたものがラード、牛を同様にしたものがヘット、揚げもの炒めものの油としてよく用いる。

植物性の油

オリーブの実からとるオリーブ油を筆頭に、とうもろこしからとるマゾラ油、落花生からとるピーナッツ・オイル、棉の実からとる棉実油などだが、西洋料理ではだいたいにおいて植物性油はサラダに用いる（すなわち油を生まで食べる）ので、良質のものはほとんど無臭に精製されている。この点は、日本風や中国風の油類はちょっと及びつかない。

植物性の油でも、サラダだけに使うとはかぎらず、良質のものはケーキ用、カレー用、焼き飯用に、並のものはフライなどの揚げ油にも用いられる。

ショートニングは野菜からとるごく軽い油で、無味、無臭、純白であるから、バタの代りに用いられる。主として製菓用である。

日本料理や中国料理に使う油は、右のほかに胡麻油、白しめ（菜種油）、大豆油などがある。東洋風の油は西洋風のサラダ油ほど精製されていないので、生までは食べられず、また特有の香りをもっているのが特徴で、特に中国の胡麻油は炒ったゴマを絞ったものだから、非常にこうばしい香りがある。

中国料理を家庭でつくって、どうしても料理屋で食べるような香りが出ないと悲観する人があるが、それは、日本の胡麻油（生まのゴマを絞ったもの）を使うからである。現在の中国料理では、炒めたり揚げたりはラードが普通だが、あとでこの胡麻油で香りをつけるのである。だから家庭で本格的な中国料理をつくるなら、中国の胡麻油を使うといい。家族でも、お客さまでも、思わずオヤと思うにちがいない。

なお、食用油の良否の見分けかたは、色を見るのが第一である。よく精製された油は、何の油でも無色である。色がついていればいるだけ不純物がまじっていると思っていい。日光に透かしてみて、濁っていたり沈澱分のあるのは論外だ。

油のつかいかたのコツ

揚げものの場合は、油をたっぷり使うことと、温度を百八十度前後に保つことが大切である。温度がこれ以上になると、材料の表面だけが焦げてしまうし、油が疲れやすい。油が疲れるというのは、学問的にいえば、重合《じゅうごう》という反応で、油のいろいろな成分が分解したり、正常でない結合をするために、ドロリと重たくなり、渋味がでてくることである。もちろん、経済的にも損だし、栄養価も落ちる。

百八十度の温度というのは、塩をすこし落してみてシュッと音がするけれども、煙はまだ立たないという頃合いである。

鍋の厚さもこれに関係がある。底が薄いと、どうしても熱が上へ上へといってしまうので、すぐ油の温度が二百度ぐらいまでに上がり上《うわ》っ焦《こ》げをしやすい。材料をたくさん入れると、こんどは百五十度ぐらいまで下がる。これではいい揚げものはできない。てんぷらの鍋などは、一センチ近い厚さのものが上乗で、これだと熱がゆっくりと横にひろがり、それが対流作用で、ジワジワ上ってゆくので、油全体の温度が平均する。しかも、鍋それ自体が常に一定の温度を保っているので、材料を入れて油の温度が低くなろうとすると、鍋自体が持っている熱量を油へ放出してやれるわけである。だから、それほど強い火で熱しなくてもいい。

油をたっぷり使わねばならぬというのも、温度をなるべく百八十度前後に一定させるためである。油がすこしだと、すぐたいへんな温度に上がり、材料を入れるとグッと低くなる。また、消耗も激しい。

つまり、底の厚い鍋で、たっぷりの油で、百八十度ぐらいの温度で揚げれば、味もよく、油が疲れぬために経済的でもあり、また油の中に材料（魚介類）のエキス分が浸み出しているため、使っても使ってもおいしい味に揚がるわけである。

中国料理の揚げものの仕方はなかなか巧みなもので、最初に七、八分どおり揚げて、いったん取り出し、しばらくしてからまた揚げるのである。その理由に、最初に揚げるのは表面の水分を除くためで、二度目には表面がカラリとした感じに揚がるのである。そして、内部まで完全に火が通って、魚などの骨まで食べられるようになるのである。

揚げものに使った油は、フランネルで漉し、日の当らない場所にしまっておく（空気にもなるべくさらさないほうがよいので、口の広い罐などより、瓶のほうがよい）と、何回でも使える。

また、揚げものには新しい油を使い、すこし疲れた油は炒めものや油焼きなどに使うのが利口なやりかたである。ただ新しい油には、いわゆるクセがあるから、火にかけて温度が上がったとき、ネギとショウガを入れて、狐色になるぐらいまで揚げるとよい。その水蒸気が油のいやな匂いを連れていっしょに飛んでいってしまう。ただし、焦がしてしまっては逆効果である。

炒めもの

これは、揚げものより火を強くしたほうがいい。二百度ぐらい、すなわち薄い煙が立つくらいに熱しておいて、材料を入れたら、強火で短時間に炒めてしまうことだ。弱い火でネチネチやっていたのでは、サラッとした炒めものはできない。中国料理では、特にこの炒め加減を尊重するので、火の通りにくいものは、前もって火を通しておくことをする。なお、中国料理では、野菜類など七、八分通りしか火を通さないでやめるが、これも理くつにかなったやりかたである。

西洋料理における炒めかたのコツを述べよう。レ・ソーテ・オルジネールは、その名のとおり、きわめて一般的な炒め焼きの料理である。たいていの獣肉に応用できるものである。

材料が一二〇グラムぐらいの牛肉の切身だとすれば、それに軽く塩胡椒して、フライパンにバタとオリーブ油、またはバタとヘットを同量ずつ合わせて入れて火にかけ、それが充分に煙が上がるまで熱せられたら、肉を入れる。

そして、火力を弱くしないように気をつけて炒め始めるのだが、肉の鍋に当たっている側全体にセージ（肉のうま味を外に逃がさぬための一種の壁）をつくらせておき、肉の含んでいる肉汁が上側のほうに集まってきたとき裏返して、いっそう強い火力で急に炒めつけて肉に焼き色をのせると共に同じく壁をつくらせ、肉の両面に完全に壁がつくられたら、火力をすこし弱めて、最初いためたほうの側から無色の汁気が滲み出るようになる（この状態になれば、肉は完全に焼けたわけである）まで炒め、肉だけを別の器に引きあげ、冷めないように軽いオーヴンに入れておく。

そして、手早く鍋の脂肪分をしたみきり、肉汁の焼きついているその鍋の中に葡萄酒類、フォン、グラス、またはソースなどを入れて一度サッと煮立たせ、前に炒めあげておいた肉をもどして、その肉の両面に光沢をつけて出すのである。そして、この最後の工程は欠かしてはならぬ大切なものである。

このとき注意しなければならぬことは、厚さが一センチに足りぬぐらいの薄い切身の場合は、肉の表面に壁ができる前に内部まで火が通ってしまうことがある。その場合、ちょっと考えると火力を弱くしたらいいように思えるが、実際は反対に火力をいっそう強くしなければならないのである。だいたい、このソーテという調理法は、あまり熱を長く与えておいては結果がわるいので、いずれの場合でも、最初その肉に壁をつくらせてしまうまでは、思いきって強い火力でやらねばならない。

なお、この炒め焼きの時間を仮りに十分とすれば、最初強火で下側を炒りつけるのに三分、裏返してから強火で三分、火力を弱めて四分というのが、その割合である。

おわりに

まだまだ書きたいことは山ほどあるのだが、思いつくことを片っ端しから書いてゆけばまったくキリのないことが、ここにきてハッキリ判った。それに、皇太子さまのご婚儀も間近かに迫り、身辺多忙を極めるようになったので、このへんでペンをおく。

材料の選びかただけは、なんとか体系的な格好がついたが、その他の調理のコツにいたっては、なにぶん、ことのついでに思いついたことを述べたのだから、順序も何もない。このままでは、日常の参考にするのに不便だから、巻末に索引をつけてもらうことにした。

いずれにしても、はじめにも書いたように、料理というものは結局自分でやらなければ上達するものではないのだから一応根本的なセオリーを頭に入れたら、それに則《のっと》ってどんどん作ってみることだ。数やればやるほど、何物かをつかむことができる。工夫もおのずから湧いてくる。この本は、その根本的なセオリーを知ってもらいたいという意図から書き始めたものだったが、意余って筆も紙も日も足りないという始末になった。しかし、これでも相当お役に立つものと信じている。読者の器量や機根によって、この書の内容を五倍にも十倍にも活用していただけば、この上もない幸いである。

むかしと変わらぬ料理のコツ

福田　浩

「うどんのゆでやう、くひ候て見申し候」

まるで禅問答のようですが、日本初の出版された料理本といわれる『料理物語』（寛永二十年〔一六四三年〕）の一節です。「うどんの茹で加減はどのくらいかって、喰ってみりゃわかるさ」といったところでしょうか。

秋山徳蔵は幼少の折、自ら望んで禅寺に修行に出ていますが、禅寺の本義は不立文字《ふりゅうもんじ》とか。人に「料理のコツは」と問われると、「口や文字では到底伝えられるものではない。最後は悟りじゃよ」と答えています。

著者は昭和三十年代に四冊の本を出版していて、前三冊は古今東西の料理に精通していた徳蔵の料理随筆でしたが、四冊目の本書は一転して『料理のコツ』という実用向きの本です。

はじめに「料理の実用記事を書いたり、テレビに出たりするのがきらい」と断言し、

「料理というものは「習う」ものであって、「おそわる」ものではない。まして、コツなどということになると、経験の積み重ねの上からでないと、絶対につかめるものではない」と明言しているのですが、一方、「家庭の奥さんや娘さんたちの料理研究熱がこんなに盛んになってくると、その学習の時間と労力の経済のうえからも、われわれが何十年もかかってつかみえたコツみたいなものを、一応文字にして伝えるのも、あながちムダではないと考えられるようになってきた」とも云っています。

思うに、昭和三十年代から四十年代にかけての日本は高度成長期で、テレビ、冷蔵庫、洗濯機が普及しはじめると暮らしに余裕が生まれ、テレビの料理番組はわが国の食卓を南から北まで平準化の渦に捲きこんでしまいます。終戦後十年を経て、米飯よりパンを、魚より肉を、味噌汁よりスープを、糠漬けよりサラダをといった有様に、フト日本の食生活の将来にいささかの不安を感じたのではないでしょうか。ならば家庭の台所を預かる女性たちに正しい食の知識を持ってもらいたいとの願いを籠めて、料理のコツの伝授を思い立ったにちがいありません。

また、本書の三年前（昭和三十一年）に出版した『味の散歩』の中に「家庭の料理については、婦人雑誌や、新聞の家庭欄や、ラジオや、講習会などでこんせつていねいな作りかたの指導がなされているようだが、材料の選びかたについてのこんせつていねいな解説は、私の不勉強のせいか、なかなか見当らない。／料理の味というものは、半分以上は材料なのである」と書いているので、次作は『料理のコツ』をと考えていたかもしれません。「料理のコツ」に五則あり、と云っています。要約すれば、

第一　よい材料を選ぶこと
第二　材料を活かすこと
第三　手順よく料理し、手際よく配膳する
第四　よい道具を調えること
第五　「火加減」「味加減」「盛り加減」など加減のコツは料理を多く経験し、悟るほかない

ということになりましょうか。

普通ならこれで決まりというところですが、徳蔵は五則を覆う鉄則として「注意」を挙げています。作り慣れた料理にこそ落とし穴があり、うっかりミスも起こりがちなものであるから料理の始めから終わりまで細心の「注意」が必要で、「料理のコツ」の一番の大元は「注意力」であると断じています。これには訳があり、徳蔵自身が陛下陪食の際にとんでもない不注意をし、身に沁みた経験からですが、その告白のくだりをじっくりお読みください。

本文の野菜、乾物、肉、鮮魚など、百種以上の材料の選び方、調理の際の注意、塩、醬油、砂糖、味噌、油など調味料の使い方のコツなど、こなれて行き届いた文章は読みやす

く、あたかも徳蔵の肉声を聞いているような気分です。
はじめに料理についてああでもない、こうでもないというのは得意ではないと云っていたにもかかわらず、巻末の索引の食べ物や品物をアイウエオ順に並べて便宜を計ったのは著者の親心でありましょう。

普段の生活の中には「注意」することがたくさんあり、足元に注意、猛犬に注意などの文言が飛び交います。料理の場合はどうでしょう。使い慣れた庖丁や鍋釜の扱いはぞんざいになっていないか、濡れた手のままで食器の出し入れをしていないか、塩や醬油などの調味料の補充はどうか、あれやこれやと考えると不注意なことに思い当たります。いつもの料理、いつもの食事にほんの少しでも注意を向けてみませんか。「どんな注意を」と問われても、それはあなた自身が見つけることです。

江戸時代の料理書の序文や跋文の多くには料理にかかわる心得が記されていて、『料理のコツ』にも相通じるものが大いにあります。

食材については、たとえばこのような。

初ものを料理第一の馳走とすれども時ならぬはつものは何によらず吟味なくては用ひ《（ママ）》がたし、勿論木の子類は甚だ大切ならん、たとへ早松茸《さまつたけ》なりともその時の時季によるべし、（中略）去る料理人の達人申されしは海のものははつものよく山陸のもの

は初ものあしゝ、海鮮の走りは油うすく美味にして軽く風味格別なりと申されし、これらは尤成事《もつともなること》にや心得有《ある》べし

（『歌仙の組糸』寛延元年〔一七四八年〕）

料理については、たとえばこのような。

調味は煮汁やき加減惣じて塩梅は料理の第一なり、客十人有、内五人は辛口を好むあり、五人は甘口をすける有《あり》、立用《りうよう》して十人の口に叶ふやふ（ママ）に仕立るこそ料理人の手がらとや云はん、（中略）勿論暖なる物は随分あつく、冷なるものは至て冷すべし

（同前）

そして道具については、たとえばこのような。

膳椀鉢皿其外《そのほか》器物ふき拭《ぬぐ》ひ心を付べし、膳立早くなしおき其まゝ出すときは膳椀に埃《ほこり》つもり、あるひは香物干からびて甚《はなはだ》不馳走《ふちそう》なり、よって膳をいだすときは一つ〳〵あらたむべし、又箸に心を付け、壱本《いっぽん》〳〵よくあらたむべし

（『早見献立帳』天保五年〔一八三四年〕）

料理のコツや注意点というものが、時を経ても古びないということがおわかりになるでしょう。

（食生活懇話会同人、「なべ家」主人）

索引

つくりかた

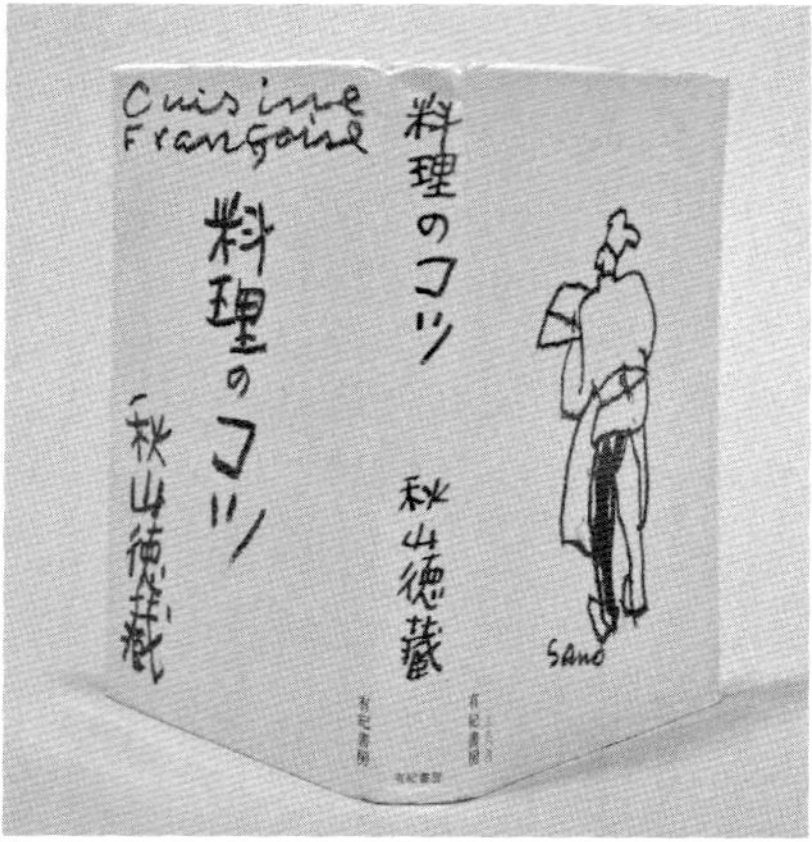

『料理のコツ』１９５９年　有紀書房刊
装幀　佐野繁次郎

本書のカバーデザインは、有紀書房版の佐野繁次郎氏による装幀を著作権継承者の了解のもと、再構成したものです。

今日の歴史・人権意識に照らして、不適切な語句や表現がみられますが、時代的背景と作品の価値に鑑み、また著者が故人であることを考慮し、原則として発表時のままとしました。

（編集部）

中公文庫

料理《りょうり》のコツ

2015年9月25日　初版発行
2025年3月15日　3刷発行

著　者　秋山《あきやま》 徳蔵《とくぞう》

発行者　安部 順一

発行所　中央公論新社
〒100-8152　東京都千代田区大手町1-7-1
電話　販売 03-5299-1730　編集 03-5299-1890
URL https://www.chuko.co.jp/

ＤＴＰ　嵐下英治
印　刷　大日本印刷（本文）
三晃印刷（カバー）
製　本　大日本印刷

Published by CHUOKORON-SHINSHA, INC.
Printed in Japan　ISBN978-4-12-206171-2 C1195